D1730812

CATARATA

BEATRIZ RANEA TRIVIÑO

Doctora en Sociología y Antropología por la Universidad Complutense de Madrid y máster Erasmus Mundus en Estudios de las Mujeres y de Género por la University of Hull (Reino Unido) y la Universidad de Granada. Es profesora asociada en la Universidad Complutense de Madrid, docente en el curso "Historia de la teoría feminista" de la Universidade da Coruña y en posgrados de varias universidades. Editora del libro *Feminismos. Antología de textos feministas para uso de las generaciones más jóvenes, y las que no lo son tanto* (Los Libros de la Catarata, 2019) y, junto a Rosa Cobo, del *Breve diccionario de feminismo* (Los Libros de la Catarata, 2020).

Beatriz Ranea Triviño

Desarmar la masculinidad

LOS HOMBRES ANTE LA ERA DEL FEMINISMO

CATARATA

PRIMERA EDICIÓN: MAYO DE 2021
SEGUNDA EDICIÓN: DICIEMBRE DE 2021

DISEÑO DE CUBIERTA: PABLO NANCLARES

© BEATRIZ RANEA TRIVIÑO, 2021

© LOS LIBROS DE LA CATARATA, 2021
   FUENCARRAL, 70
   28004 MADRID
   TEL. 91 532 20 77
   WWW.CATARATA.ORG

DESARMAR LA MASCULINIDAD.
LOS HOMBRES ANTE LA ERA DEL FEMINISMO

ISBN: 978-84-1352-227-2
DEPÓSITO LEGAL: M-9.813-2021
THEMA: JBSF11/JBSF2

IMPRESO EN ARTES GRÁFICAS COYVE

A Rosa Cobo, por todo su apoyo durante estos años.

A los hijos de mis amigas feministas, futuros hombres igualitarios.

ÍNDICE

DESARMAR LA MASCULINIDAD
Y DESARMAR LOS GÉNEROS

En *Desarmar la masculinidad*, Beatriz Ranea opta por la masculinidad como objeto de estudio exclusivo. Antes ya había investigado sobre este mismo tema en el marco de la prostitución. Ahora, con este libro, saca la masculinidad de las fronteras de la actividad prostitucional y entra en un espacio de investigación más amplio: el de la reproducción de la masculinidad hegemónica a través de los mecanismos de poder que la constituyen.

Los estudios sobre masculinidad ya tienen décadas. Una parte de los mismos reflexiona sobre el significado de ser hombre "desde la masculinidad", tal y como afirma la autora de este libro. Por decirlo de otra forma, en el marco de estos estudios los varones reflexionan sobre sus *heridas*, quizá sobre las que les provoca la igualdad, así como sobre la incertidumbre en que les han sumido las demandas feministas. Otras investigaciones, sin embargo, tratan de dar respuesta al significado cultural y político de la masculinidad desde la matriz feminista. Lo que tienen en común ambos tipos de estudios es que unos y otros son efectos reflexivos del feminismo. Una parte de los estudios sobre masculinidad son un relato en el que algunos varones reflexionan acríticamente sobre el hecho de ser hombre y los peajes que tienen que pagar por serlo. Los otros estudios, los más significativos desde el punto de vista teórico, asumen las relaciones de poder entre hombres y mujeres como elemento central en la constitución de los géneros. El análisis de Ranea entronca con la tradición de estos últimos análisis críticos sobre la masculinidad y sitúa su trabajo en el contexto cultural y geográfico de Occidente.

Entiende la autora la masculinidad como una construcción social y cultural y descarta cualquier esencialismo en la definición de lo que es ser un hombre. Y ciertamente ni la masculinidad ni la feminidad son invariantes históricas. La masculinidad se resignifica en cada época, en el interior de comunidades culturales, y se reelabora en el marco de realidades sociales, políticas, económicas y culturales concretas. De hecho, no pueden entenderse los cambios que se han producido en la masculinidad sin las luchas feministas.

La feminidad y la masculinidad no solo existen relacionalmente, como ya sabemos, sino que las relaciones de poder están en el origen de la constitución de los géneros, de modo que estos son quizá la primera realidad social a través de la que se canaliza el poder masculino sobre las mujeres. Son uno de los mecanismos fundacionales del sistema patriarcal. Por eso, el análisis de las masculinidades es un objeto de estudio preferente para el feminismo. La autora de este libro, a partir de ahora fundamental en la bibliografía crítica sobre masculinidades, argumentará sobre algunas de las realidades sociales que debilitan la masculinidad hegemónica, pero también explorará otras que la refuerzan. Pongamos un ejemplo: se ha debilitado el papel del varón como proveedor universal debido a la entrada masiva de las mujeres en el mercado laboral, aún en condiciones, como sostendrán Heidi Hartmann y Celia Amorós, de "proveedoras frustradas", pero al mismo tiempo la prostitución ha colocado a segmentos cada vez mayores de mujeres a disposición sexual de los varones en el marco de la industria global de explotación sexual. La masculinidad hegemónica, como otras estructuras de poder, encuentra fórmulas de recomposición como respuesta a sus crisis de legitimación.

Por eso, el feminismo no se siente cómodo con el concepto de *nuevas masculinidades*. Si el género es el resultado de una estructura de poder, si a través de este hecho social opera el dominio patriarcal sobre las mujeres, no es preciso buscar masculinidades alternativas a la hegemónica sino erosionar la masculinidad hasta terminar con las marcas de género. ¿Hay que abolir la masculinidad y la feminidad y, por ello, deshacernos de esas estructuras de poder que restringen la libertad y la autonomía de las mujeres? No es este el debate del libro, tal y como señala la autora; sin embargo, no me gustaría soslayar la discusión que existe en el seno del feminismo a propósito de la disputa que está teniendo lugar entre la teoría feminista y la teoría *queer*.

El pensamiento feminista ha descubierto primero y conceptualizado después el género —aun sin haber acuñado ese término para el feminismo hasta la década de los setenta— como una construcción sociocultural muy coactiva para las mujeres. El género es un conjunto de mandatos socializadores que crecen en el interior de entramados institucionales y que se encarnan en la feminidad y masculinidad normativas. La característica fundamental es que las estructuras simbólicas y materiales que dan forma a los géneros son asimétricas. El género coloca a las mujeres en posiciones de subordinación y a los varones en posiciones de hegemonía.

La historia del feminismo, desde la famosa polémica de Mary Wollstonecraft con Rousseau, sostiene que el género es asignado en las sociedades patriarcales a varones y mujeres, con una característica: para ellas es coacción y para ellos es privilegio. Por eso, hay que desactivar los mandatos de género hasta que la feminidad y la masculinidad desaparezcan o se produzca lo que Celia Amorós denomina "cierto mestizaje de género". Así que coincido plenamente con Beatriz Ranea en que hay que desarmar la masculinidad. Y el feminismo es una de las fuerzas sociales más relevantes a efectos de desmontar los privilegios masculinos que se encarnan en la masculinidad.

El horizonte normativo del feminismo consiste precisamente en desactivar la normatividad masculina y femenina. La crítica a los géneros es una de las vetas que recorre la historia del feminismo desde su constitución como tradición intelectual. El pensamiento patriarcal y androcéntrico ha buscado desesperadamente fijar esencialistamente los géneros, arrancar su carácter histórico y agrandar los abismos que los separan, mientras que el feminismo muy pronto entendió que no hay libertad ni igualdad ni autonomía para las mujeres en el interior de la estructura social genérica.

Este lúcido libro de Beatriz Ranea, *Desarmar la masculinidad*, nos proporciona claves indispensables para entender que la masculinidad hegemónica y los géneros son herramientas del poder patriarcal que es preciso desarmar en aras de la libertad humana.

Rosa Cobo
Madrid, abril de 2021

LOS HOMBRES: GÉNERO MASCULINO PLURAL

"Comprender la masculinidad es un acto político."

RITA LAURA SEGATO

¿Y si comenzamos acercándonos a la masculinidad como una ficción, una de las más antiguas, una narrativa cultural e histórica
que, si bien ha cambiado a lo largo de los siglos, ha seguido construyendo un relato hegemónico? Una ficción extracorpórea imbricada en los cuerpos asignados con el sexo-género masculino.

Este libro pretende acercarse al análisis de la masculinidad como un engranaje complejo de expectativas y mandatos
que componen el reconocimiento de la hombría en la época
contemporánea. La masculinidad no está en el terreno del ser,
sino que se ubica en el espacio del reconocimiento, en la perpetua necesidad de demostrar que se es un hombre. En el contexto actual de *sociedad líquida*, según Zygmunt Bauman, y de
generalización de la incertidumbre, ¿qué está ocurriendo con
el modelo de masculinidad? Podría decirse que sus costuras
empiezan a deshilacharse debido a las contradicciones entre lo
viejo que no termina de morir y lo nuevo que no termina de na-
cer, en la búsqueda de aquello que permita amarrarse a alguna
certeza. Desde el surgimiento del feminismo (y otras teorías y
movimientos sociales, como puede ser el antibelicista, que
confronta el modelo de masculinidad ligado a la violencia),
cuando se impugnan las normas de género, dicho paradigma
ha tendido a replegarse sobre sí mismo con una rigidez que
contrasta con todo intento de flexibilización.

Hablar de masculinidad es hablar de *género*, pues *ser hombre* no es la expresión espontánea del cuerpo asignado como masculino, sino que se aprende a ser hombre mediante el proceso de socialización. En estas primeras páginas trataremos de dar respuesta a la pregunta *¿qué es el género?* Aunque el término está en continua disputa, se propone a continuación una reflexión que nos permita enmarcar el estudio de la masculinidad en la sociedad contemporánea dentro de la tradición intelectual feminista y de los estudios de género.

El género masculino ha sido construido históricamente como la norma dentro del orden androcéntrico y, por tanto, teorizar sobre ello no parecía necesario hasta hace unos años. Simone de Beauvoir (1949: 49) decía que "un hombre nunca empieza considerándose un individuo de un sexo determinado: se da por hecho que es un hombre", y, por tanto, el género aparece como algo que no les concierne. El género sería una *cosa* de mujeres porque la mujer, en tanto *la otra*, sería la única que porta esa marca. Del mismo modo que no tener que pensar o cuestionar la raza es uno de los privilegios de ser blanco, no pensar en el género es uno de los privilegios masculinos (Kimmel, 2001). Por ello, los hombres no han sido nombrados y estudiados como sujetos con género.

Rita Laura Segato (2016: 19) argumenta que el género es "la forma o configuración histórica elemental de todo poder en la especie". Un poder articulado en torno a relaciones jerárquicas en las sociedades patriarcales. Por su parte, Kate Millett en *Política sexual* (1969) define el patriarcado como un sistema de pactos entre varones que garantizan la dominación y la hegemonía de lo masculino sobre lo femenino, y afirma que en él las relaciones entre hombres y mujeres son relaciones de poder y, por tanto, relaciones políticas. Este sistema de dominación se define por su carácter omnipresente, naturalizado y, por consiguiente, invisible. Así, cabe entender la sociedad patriarcal como un sistema sociopolítico basado en la jerarquía de lo masculino sobre lo femenino[1]. El

---

1. No hay un sistema patriarcal universal, sino que nos encontramos con patriarcados en plural, ya que el entramado patriarcal se inscribe en contextos socioculturales e históricos específicos.

patriarcado se sustenta sobre pactos masculinos que tienen un carácter interclasista e interracial, a través de los cuales los hombres también sostienen relaciones jerárquicas entre ellos, mientras que el pacto intragenérico les permite mantener como grupo relaciones de dominación sobre las mujeres.

En sociedades patriarcales occidentales también es preciso acercarse al concepto de patriarcado incorporando la distinción que plantean autoras como Alicia Puleo (1995) entre *patriarcado de coacción* y *patriarcado de consentimiento*. En el primero, las legislaciones de los Estados continúan siendo sancionadoras para las mujeres y claramente desiguales. Mientras que con el segundo, si bien describe la situación de sociedades como la española, en las que se reconoce la igualdad formal y legislativa entre hombres y mujeres, el patriarcado sigue reproduciéndose a través del consentimiento femenino sin llevar a cabo prácticas de coacción explícitas.

A lo largo de este libro hablaremos de los hombres en plural, porque aunque la masculinidad hegemónica funciona como un modelo normativo, los hombres como grupo social no conforman un todo homogéneo. Se ha de tener en cuenta la diversidad respecto a la clase social, la etnicidad, la orientación sexual, la edad, las capacidades, etc. A pesar de que situaremos el género en el centro del análisis como categoría primigenia de organización social, no se pueden entender las relaciones de género y la configuración de la masculinidad sin inscribir el patriarcado dentro del capitalismo. Las desigualdades de género están atravesadas por las conexiones, alianzas y pactos que se establecen con el sistema capitalista. Otro de los ejes fundamentales en la definición de las identidades y de las desigualdades estructurales es el sistema étnicorracial que establece diferencias basadas en el origen, la apariencia, el color de piel, la religión, la cultura, la historia o el idioma.

Pero volvamos al género y a su complejidad a partir de la definición que proporciona Lourdes Benería:

El concepto de género puede definirse como el conjunto de creencias, rasgos personales, actitudes, sentimientos, valores, conductas y actividades que diferencian a hombres y mujeres a través de un proceso de construcción social que tiene varias características. En primer lugar, es un proceso histórico que se desarrolla a diferentes niveles tales como el Estado, el mercado de trabajo, las escuelas, los medios de comunicación, la ley, la familia y a través de las relaciones interpersonales. En segundo lugar, este proceso supone la jerarquización de estos rasgos y actividades de tal modo que a los que se definen como masculinos se les atribuye mayor valor (Benería, 1987: 46).

El género, como construcción social, cultural y política, configura la sociedad en términos binarios, de oposición y jerarquía, a través de la sexuación de los cuerpos a los que se les asigna el género masculino o femenino y, por tanto, se interpretan y reconocen como masculinos o femeninos. El género se define jerárquicamente, porque a las características asociadas con la masculinidad se les atribuye un mayor valor y reconocimiento social y porque el género es una categoría que estructura de forma asimétrica el poder dentro de la sociedad. Por último, el género se constituye en términos oposicionales, ya que los atributos definidos como femeninos y masculinos tienden a ser contradictorios y excluyentes, esto es, lo que es definido como masculino se opone a lo femenino y viceversa.

Además, el género es una estructura normativa que busca disciplinar los cuerpos; no solo estructura la sociedad a nivel colectivo, sino que se constituye como uno de los ejes vertebradores de la psique y la identidad de los sujetos. Esto es, el género configura la sociedad y la identidad de los sujetos a través del proceso de socialización diferencial mediante prácticas culturales, instituciones, roles, mandatos, estereotipos, creencias, etc., que dividen a la sociedad en el binarismo mujer/hombre. Por ello, se considera que el género es fundamentalmente una categoría política porque es funcional al orden patriarcal que impone esta jerarquización, previa al nacimiento, y condiciona, determina y coarta la libertad y autonomía de las personas.

El género, en definitiva, como herramienta de categorización y estructuración social, distribuye de forma diferenciada y jerárquica el poder, los recursos, los espacios, los tiempos en las sociedades patriarcales.

Por consiguiente, es un dispositivo de disciplinamiento de las subjetividades; no obstante, hay que destacar que los individuos en multitud de ocasiones y contextos disponen de agencia y poder para subvertir los mandatos de género. De hecho, las disidencias a la normatividad de género permiten ir quebrándola. Así, el género es una construcción sociopolítica y a la vez una categoría de (des)identificación subjetiva y emocional. El género vertebra nuestra identidad a través de la identificación y desidentificación constante que establecemos mediante nuestras prácticas, discursos, decisiones, etc., más cotidianas.

En este libro se parte del construccionismo de género porque, más allá de las diferencias corporales, se entiende que no es posible demostrar que los patrones asignados a cada género sean innatos, sino que estos forman parte de un entramado sociocultural e histórico. Por tanto, el género no es considerado una esencia. Además, la construcción del género se imbrica en estructuras sociales, culturales, políticas, económicas y simbólicas. Por todo esto, el género ha de ser situado culturalmente, pues las pautas, roles, estereotipos, etc., son diferentes dependiendo del contexto cultural. Aquí nos centraremos en el contexto nacional y occidental.

A pesar de que el concepto de género está siendo sometido a examen y revisión, no es el objetivo de este libro entrar en el debate, sino analizar cómo se configura en concreto el género masculino en la época contemporánea. No obstante, es necesario subrayar que en la actualidad, desde algunos sectores del feminismo, tanto activistas como académicas promueven distintas formas de encaminar *los problemas del género*: la abolición del género, su multiplicación, el reconocimiento de la autodeterminación de la identidad de género o la ruptura del binarismo genérico. No discurriremos por este debate, porque nos interesa abordar la masculinidad (normativa) y analizar cómo, a través de la experiencia genérica de muchos hombres, continúa perpetuándose la masculinidad como un modelo rígido.

En este recorrido por el concepto de género, debemos fijar nuestra mirada en el cuerpo, ya que en él se encarnan, normalizan y adaptan los mandatos de género. Un ejemplo de esto es la forma de ocupar el espacio o la vestimenta. La genealogía de la construcción del sexo que realiza Thomas Laqueur (1994) permite comprender el proceso histórico por el cual, a partir del siglo XVIII, los cuerpos son vistos como la esencia diferenciadora sobre la que se proyecta el género. Por ello, hay que subrayar la centralidad de la socialización diferencial de género en la construcción social del cuerpo, pues como señala Mari Luz Esteban (2004: 48), "lo corporal no es nunca natural, sino que siempre es construido social y políticamente". La raíz de la división del género se ha sustentado fundamentalmente en la construcción de la diferencia corporal, principalmente en la diferenciación anatómica basada en la genitalidad, que se convierte en el elemento externo que determina la asignación del sexo masculino o femenino previamente incluso al nacimiento, más allá de los genes o las hormonas. Así, se establece una correspondencia lineal entre el sexo y el género, es decir, a un cuerpo sexuado masculino le corresponde el género masculino y a un cuerpo femenino, el género femenino. No obstante, como se ha expuesto, el género no es una esencia y la linealidad cuerpo/sexo y género puede ser quebrada. Las múltiples disidencias a las normas de género cuestionan esa correspondencia entre sexo-género, así como en el caso de las personas trans la linealidad sexo-género es desestabilizada de forma paradigmática. Esto es, tener un cuerpo definido como masculino no hace al hombre, así como el cuerpo nombrado femenino no hace a la mujer: el hombre y la mujer devienen socialmente, como exponía Simone de Beauvoir en su célebre frase. Por todo esto, el cuerpo es el territorio central en los procesos de construcción e incorporación de los mandatos de género. En este sentido:

Ya que la identidad sexual se construye fundamentalmente a partir del cuerpo, este se convierte también en el dispositivo, en el sentido foucaultiano, que concentra simbólica y materialmente todos los contenidos socioculturales por los que se conforman las identidades de género y la relación entre las mismas (Posada, 2015: 119).

El cuerpo masculino adquiere especial relevancia desde la infancia como espacio de normalización de las prácticas de género. Tener un cuerpo *normal* implica poseer una determinada masa muscular, preocuparse por el tamaño del pene, adoptar una actitud viril en la forma de caminar o sentarse: pensemos en cómo en los últimos años se ha popularizado el término *manspreading* (despatarre) para describir la manera de sentarse común entre algunos hombres con las piernas tan abiertas que ocupan más espacio del que les corresponde en los asientos del transporte público.

Así, adecuarse a las normas de género masculinas supone disciplinar el cuerpo y masculinizarlo, pues a través del cuerpo se exhibe el género. Los sujetos en el proceso de adaptación social a la norma genérica se sumergen en la búsqueda incesante de la masculinización corporal, interiorizándola como *deber ser*. Además, el cuerpo adquiere el carácter de símbolo en la construcción de la masculinidad.

Entonces, ¿qué es ser hombre? No hay una respuesta única: ser hombre es un proceso de encarnación de los mandatos y pruebas de la masculinidad. Para aproximarnos a una definición, quizá sea imprescindible partir de la idea de Rita Laura Segato (2016) y conceptualizar la masculinidad como un *estatus*, es decir, una construcción identitaria permanentemente a prueba, ya que los hombres han de afirmar de forma sistemática que lo son. Cualquier fisura en su demostración de masculinidad puede repercutir de forma negativa en la proyección de hombría que reciben el resto de varones y, por tanto, hacerles perder el estatus de masculinidad. Así, se trata de una identidad sometida a una evaluación constante, como iremos descubriendo en las siguientes páginas.

CAPÍTULO 1
LOS ESTUDIOS DE LAS MASCULINIDADES

> "No es fácil hacer encajar a las mujeres en una estructura que, de entrada, está codificada como masculina: lo que hay que hacer es cambiar la estructura."
>
> MARY BEARD

El área de estudio propio denominado *Men's Studies* comienza a desarrollarse en los últimos años del siglo XX y a asentarse en el espacio académico occidental, principalmente en los países anglosajones. Estos estudios tienen su origen en los estudios de las mujeres y de género (*Women's and Gender Studies*), donde se encontraban implícitamente inscritos, como señala Olivia Tena (2010: 277):

Al des-cubrir a la mujer como sujeto social y objeto de estudio, se des-cubrió también al varón como tal e igualmente construido por la cultura [...], al grado de aplicarse la metáfora de la "costilla de Eva" para ejemplificar el desprendimiento de los estudios sobre masculinidad de los feministas, en donde habían estado incluidos de manera implícita.

Esta área de estudio, al igual que los estudios de género, se caracteriza por ser interdisciplinar y heterogénea. Desde su surgimiento, los estudios de la masculinidad han tendido a ocuparse de la construcción de la identidad masculina y de las diferentes masculinidades. Hablamos de un área de estudio en constante transformación; no obstante, es importante destacar que en ocasiones no han dado cuenta del carácter relacional de la masculinidad respecto de la identidad femenina ni de la inscripción de la masculinidad dentro de la jerarquía de género o de las resistencias masculinas al cambio social (Viveros, 2002; Azpiazu, 2013). Tanto es así que se ha llegado a hablar de las *misoginias implícitas* en la teorización de la masculinidad para señalar la ausencia de perspectiva crítica de un número significativo de los estudios realizados en este campo (Tjeder, 2009). Esto ocurre porque una parte de los estudios de las masculinidades no reconocen su matriz feminista ni la genealogía de la dominación masculina. En este sentido, Jokin Azpiazu (2013) expresa que se ha tendido a priorizar el estudio del significado de lo que es ser un hombre para los propios hombres, en detrimento de un enfoque que tenga en cuenta la hegemonía masculina y las relaciones de poder sobre las mujeres.

Por ello, es importante destacar que, desde su origen, los estudios de la masculinidad han sido un campo de conocimiento muy masculinizado en el que han participado fundamentalmente hombres, citándose y reconociéndose unos a otros, en el que resuena y pervive una cultura androcéntrica que invisibiliza y silencia a las mujeres en prácticamente todas las áreas del conocimiento. Sin embargo, hay también mujeres investigando masculinidades. Precisamente, una de las grandes referentes de los estudios de la masculinidad es una mujer trans: la socióloga australiana Raewyn Connell.

A pesar de que cada vez hay más mujeres, el hecho de ser un área de conocimiento tan masculinizado podría animar a preguntarse sobre el lugar de enunciación epistemológica y cómo influye en el proceso investigador. Los estudios de la masculinidad surgieron como estudios *desde* la masculinidad y *sobre* la masculinidad y, por tanto, emergen como epistemologías desde el privilegio que, con frecuencia, no problematizan la masculinidad como una situación de poder, esto es, como si el género fuese un proceso de subjetivación sin significante político.

No se trata aquí de debatir acerca de la posición privilegiada o no de los sujetos para generar conocimiento, sino de cuestionar críticamente la idea de que el conocimiento se genera independientemente de la posición de partida. Tenemos que abordar la cuestión de la reflexividad y lo que Donna Haraway

(1988) denominó los *conocimientos situados* para explicar que no hay posibilidad de tener una visión pasiva que no interfiera en el objeto de investigación. Esto es, no se trata solo de lo que investigamos, sino de cómo lo investigamos. Es fundamental realizar un ejercicio de *situación* frente al objeto de estudio para reconocer la influencia de nuestros bagajes en el proceso investigador (Hesse-Biber, 2007).

Al hilo de estos planteamientos, es interesante retomar la diferencia que establece Jeff Hearn (2004) entre los *Critical Studies on Men* y los *Men's Studies*: en los primeros es central el análisis del poder, mientras que en los segundos el análisis del poder es soslayado y obviado. Hearn afirma que el poder no puede eludirse cuando se analiza la masculinidad, pues el poder y la dominación masculina son a su vez estructurales e interpersonales. Hemos de abogar por que los estudios de las masculinidades reconozcan su matriz feminista para analizar las relaciones de género como relaciones de poder. En caso contrario, los estudios de la masculinidad corren el riesgo de constituirse en epistemologías desde la ignorancia de los privilegios, un saber-poder que obvia la responsabilidad de la producción de conocimiento y la reflexividad en el proceso de la creación de saberes. Lo realmente relevante es que cuestionen y analicen las prácticas masculinas desde la perspectiva de género teniendo en cuenta la asimetría de poder. Por todo esto, los estudios de la masculinidad han de situarse y tener presente los mecanismos de (re) producción del orden social patriarcal. Esto es, los estudios de la masculinidad han de inscribirse en el contexto social en el que la masculinidad es construida, solo así se podrá dar cuenta del carácter relacional y de los desequilibrios de poder que atraviesan la producción de los géneros.

LOS EXCESOS DE LA MASCULINIDAD HEGEMÓNICA

En el estudio de las masculinidades se ha retomado el concepto de hegemonía propuesto por Antonio Gramsci en la primera mitad del siglo XX y que han desarrollado con posterioridad teóricos contemporáneos. La hegemonía sirve para analizar las estrategias ideológicas por las que una clase social define la cultura, la moral y las prácticas sociales que se generalizan y aparecen como neutras en un determinado contexto histórico. La sociedad interioriza esa cultura siendo la hegemonía un principio organizador de la vida individual de los sujetos que incorporan como propios los valores hegemónicos en torno a los cuales articulan sus prácticas cotidianas. De tal forma que esa hegemonía cultural, social, moral, económica y política de la clase dominante se sostiene en el consentimiento de las clases dominadas. La violencia explícita es utilizada cuando el consentimiento es quebrado.

En el caso de la masculinidad, en estos estudios se ha recuperado el concepto de hegemonía en el sentido gramsciano y lo aplican al análisis de las masculinidades y las relaciones de género para referirse a la masculinidad hegemónica, así como a la hegemonía de los hombres. Una de las primeras investigadoras en introducir el término *hegemonía* en el área de la masculinidad fue Raewyn Connell[2] en 1987, teorizando en los años noventa la relación de la masculinidad hegemónica con lo que ella denomina la *feminidad enfatizada* —y que aquí nombraremos también indistintamente como *hiperfeminidad*—, por un lado, y con otras masculinidades, por otro.

La feminidad enfatizada es aquella que se espera por parte de las mujeres, y que se construye y representa para los hombres, es decir, es esa feminidad que busca satisfacer al hombre y que se adapta a la organización del poder masculino. Se corresponde con la exaltación de algunos de los valores del modelo normativo de feminidad que desde la teoría e investigación feminista se

---

2. Raewyn Connell es una mujer trans que realiza su transición de género en la mediana edad. Casi todo su trabajo ha sido publicado con un nombre de género neutro utilizando las iniciales sin desarrollar: R. W. Connell. A partir de 2006 sus trabajos se publican con el nombre Raewyn Connell. Autoras como Sara Martín (2007) afirman que la transexualidad de Connell atraviesa sus aportaciones modificando de una manera francamente interesante su mirada sobre la masculinidad y el género. Para acercarnos a la figura de Raewyn Connell se recomienda el artículo de Jorge Cascales (2019) citado en la bibliografía.

han problematizado ampliamente[3]. En palabras de Connell: "La feminidad enfatizada se define por la adecuación a los intereses y deseos de los hombres" (1987: 183). Este modelo de feminidad es necesario para la producción y reproducción de la masculinidad hegemónica. Connell argumenta que no existe una feminidad hegemónica en el sentido de la masculinidad, pues la hegemonía implica poder social.

De esta forma, el concepto feminidad enfatizada da cuenta de los mandatos que se articulan en torno al mantenimiento de la masculinidad hegemónica, y con este concepto se hace alusión a las prácticas, comportamientos, gestualidades, etc., que llevan a cabo las mujeres y que tienen como sentido principal la complacencia masculina. Esto es, son *proyecciones de hiperfeminidad* que se ubican en la complacencia, el agrado de los deseos masculinos y la disponibilidad e incondicionalidad frente a los hombres.

Un ejemplo paradigmático de esta proyección de hiperfeminidad ha sido tradicionalmente el papel de la *buena esposa* o la *buena madre-esposa*, representada como la mujer privada. Esta, a su vez, tiene su correlato en otro ejemplo de hiperfeminidad: el que representan las mujeres *públicas* en los espacios de prostitución.

Por tanto, el término *hiperfeminidad* no tiene que ver con una noción estática de la feminidad, sino que el valor de este concepto es hacer hincapié en el carácter relacional de la masculinidad hegemónica con la hiperfeminidad; es decir, su sentido y utilidad reside en la contribución a la reproducción de la masculinidad hegemónica y, con ello, a la construcción y reconstrucción del orden de género.

Dicho concepto no se centra en lo que comúnmente se define como una *mujer femenina*, que se espera que sea —tanto en su apariencia física como en su comportamiento— débil, dócil, delicada o recatada, entre otros rasgos. La definición de la

---

3. Desde Mary Wollstonecraft (1792) hasta épocas más recientes, pasando por autoras como Simone de Beauvoir (1949), Betty Friedan (1963) o Marcela Lagarde (2000), entre otras muchas, hay una vasta producción teórica respecto a la feminidad.

feminidad enfatizada se centra en la expresión y exaltación de atributos femeninos cuyo sentido reside en ser funcional a la masculinidad hegemónica a través de la disponibilidad e incondicionalidad frente a los deseos de los hombres. Por tanto, es la feminidad que enfatiza las características fundamentales que definen a los *sujetos(objetos)* femeninos en relación al mantenimiento del privilegio masculino. Estas características podrían definirse como la complacencia, la subalternidad, la sumisión y la representación del agrado de encontrarse en dicha situación, y que resultan satisfactorias y ventajosas para los hombres. Podemos hacer un paralelismo con el caso que describe Erving Goffman (1991: 154) cuando se refiere a "la mujer sumisa" en su análisis de las imágenes publicitarias, de la que afirma que "se deriva una actitud que podemos interpretar como la aceptación de una subordinación, como una expresión insinuante, sumisa y conciliadora".

Todo esto ha de ser conectado también con lo que Rosa Cobo (2017: 39) denomina la "sobrecarga de sexualidad femenina" para dar cuenta de la hipersexualización de las mujeres como mandato de feminidad en la actualidad. Las mujeres son mejor valoradas en tanto en cuanto mayor es su atractivo sexual para los hombres. La (auto)exigencia de la adecuación y la exhibición del cuerpo femenino en términos que resulten atractivos para la mirada masculina, así como el deleite de ser objeto de atención por parte de los hombres, son los ejes fundamentales de la representación de la feminidad enfatizada.

Por otro lado, siguiendo con la conceptualización inicial de Connell (1997), utiliza también la masculinidad hegemónica para referirse a las masculinidades en plural y realizar así una catalogación de la diversidad de masculinidades existente dentro de las sociedades occidentales. Connell diferencia cuatro tipos: hegemónica, subordinada, cómplice y marginal (no son categorías estáticas e independientes, sino que están conectadas entre sí). En esta organización social de las masculinidades, la primera es la *masculinidad hegemónica*: vinculada a las prácticas que garantizan la superioridad de los hombres respecto a las mujeres, y que legitima las estructuras patriarcales. Esta masculinidad es exaltada como el modelo normativo a seguir o al que aspirar por parte de los varones. Además, está asociada a una determinada clase, a la blanquitud y la heterosexualidad. Es por ello que este patrón de masculinidad dominante está intrínsecamente relacionado con la homofobia, así como al rechazo a todo lo que tenga que ver con la feminidad (Kimmel, 1994). El poder de la masculinidad hegemónica está presente también en aquellos hombres que no quieren o no pueden identificarse con este modelo normativo, pero que no lo cuestionan. Estos hombres compondrían lo que Connell denomina las *masculinidades cómplices*, es decir, aquellas que no cumplen con el modelo normativo de la masculinidad hegemónica, aunque se benefician de la plusvalía de género, o lo que es lo mismo, el dividendo patriarcal que obtienen los hombres de la posición de subalternidad de las mujeres. Por otro lado, nos encontraríamos con una tercera categoría, la de las *masculinidades subordinadas*, compuesta por los hombres homosexuales y otros grupos de varones como podrían ser los jóvenes. Por último, tendríamos las *masculinidades marginales*, aquellas en las que entran en relación género y etnicidad, y donde se muestra la supremacía del hombre blanco autóctono sobre el resto de los hombres.

En este punto, introduciendo el enfoque interseccional en la configuración de las masculinidades, hemos de subrayar la teoría de la colonialidad del poder de Aníbal Quijano (2000), según la cual el paradigma de la modernidad occidental necesita de la colonialidad para emerger:

[...] uno de los ejes fundamentales de ese patrón —de la colonialidad— del poder es la clasificación social de la población mundial sobre la idea de raza, una construcción mental que expresa la experiencia básica de la dominación colonial y que desde entonces permea las dimensiones más importantes del poder mundial.

Quijano —así como otras autoras y autores decoloniales— señala cómo a través de la colonización se construyeron nuevas relaciones intersubjetivas, y se transformaron otras ya existentes. Se va configurando el patrón racista de clasificación social de la población mundial, en el que la posición dominante privilegiada la tiene la "raza" blanca europea, siendo Occidente quien ostente la hegemonía cultural y política. Por tanto, el hombre blanco representa el modelo ideal y estratégico de la masculinidad hegemónica.

La categorización de Connell resulta de interés porque incorpora la perspectiva interseccional en el estudio de las masculinidades. Al acercar nuestra mirada a la construcción del género y la reproducción de la desigualdad, es imprescindible tener presente cómo el género interseca con la clase, la etnicidad, el origen, la edad, la orientación sexual, las capacidades... La interconexión de ejes de desigualdad presenta identidades complejas que no pueden ser reducidas a una solo variable dentro de la estructura social. Por eso, como propone Connell podemos hablar de masculinidades en plural para dar cuenta de esta interseccionalidad. Sin embargo, el uso del concepto *masculinidad marginal* puede resultar problemático, ya que la idea de la dominación masculina sobre las mujeres tiene un carácter transfronterizo e intercultural.

Desde que se incorpora la idea de hegemonía al estudio de la masculinidad, ha sido ampliamente utilizada por distintos autores/as dotándolo de diversos significados y no exento de polémicas por el uso y abuso que ha producido cierta despolitización.

Los excesos de la sobreutilización del término dio lugar a que en 2005 Connell, junto a Messerschmidt (2005), publicase el artículo "Hegemonic Masculinity: Rethinking the Concept", en el que reflejan el alcance del concepto en los estudios de la masculinidad y lo revisan para dotarlo de nuevo de significado frente a los diferentes usos que se han dado del mismo. Por ello, destacan la insistencia en el carácter relacional de la masculinidad hegemónica con la feminidad enfatizada. Para ello, las autoras y autores exponen cómo el concepto de masculinidad hegemónica fue formulado desde el principio en correspondencia al de feminidad enfatizada para dar cuenta de la asimetría de poder en el orden patriarcal entre las masculinidades y las feminidades. No obstante, lamentan que en el desarrollo de los estudios de la masculinidad esta relación haya sido desplazada del centro de los análisis. No se puede estudiar la masculinidad sin tener en cuenta ese carácter relacional y asimétrico; por ello, exponen lo siguiente acerca del futuro de las investigaciones en torno a la masculinidad hegemónica:

El género siempre es relacional, y los patrones de masculinidad están socialmente definidos en contradicción de algún modelo (real o imaginario) de feminidad. Quizá lo más importante sea que al centrarse sólo en las actividades de los hombres se ocultan las prácticas de las mujeres en la construcción del género entre los hombres [...] Consideramos que la investigación sobre la masculinidad hegemónica necesita ahora prestar mucha más atención a las prácticas de las mujeres y la interacción histórica de las feminidades y las masculinidades (Connell y Messerschmidt, 2005: 853).

Además, señalan que las relaciones de género se caracterizan por la tensión y, por ello, un patrón determinado de masculinidad hegemónica funciona si es capaz de corregir algunas de las tiranteces que se producen y actúa como un elemento que estabilice el poder patriarcal, contribuyendo a reconstruir el orden de género. De tal forma que el autor y la autora concluyen que el concepto de masculinidad hegemónica ha de ser útil para entender las dinámicas de género y se ha de descartar utilizarlo como un término de carácter fijo y ahistórico.

Con posterioridad, Connell afirmó que hoy en día concibe "la hegemonía como una tentativa de realización del poder [...] más repleta de contradicciones, históricamente transitoria y más directamente ligada a la violencia" (Connell, 2013: 4).

Teniendo en cuenta todas estas aportaciones, a lo largo de este libro, cuando se alude específicamente a la masculinidad hegemónica, nos referimos en concreto a un mecanismo político a través del cual se establece la normatividad masculina y que, por tanto, configura el deber ser del *auténtico hombre* en un determinado contexto; en él, la masculinidad hegemónica es funcional para reproducir el binarismo de género y el restablecimiento de sus relaciones en términos patriarcales. La masculinidad hegemónica no es un estadio estático, sino que se reproduce y se transforma adaptándose a los cambios sociales para mantener el orden de género. Volviendo a algunos de los primeros planteamientos de Connell (1987: 185), esta afirmaba que "necesariamente la cara pública de la masculinidad hegemónica no son los hombres poderosos, sino lo que sostiene su poder y lo que un gran número de hombres están motivados a apoyar".

De tal forma que se considera de gran utilidad el aparataje conceptual de la masculinidad hegemónica para definir al sujeto que articula, reproduce y reorganiza el sistema de dominación masculina tanto individual como colectivamente. La masculinidad hegemónica no es una cualidad que el sujeto masculino posee, sino una instancia de reconocimiento que necesita la confirmación continua por parte del grupo de iguales masculinos. Tampoco es ahistórica y universal, sino maleable dependiendo del contexto histórico y del ámbito geográfico. Además, proponemos que la masculinidad hegemónica sea significada como una encarnación del poder en sí misma, esto es, una representación del poder masculino que toma forma a través de comportamientos, actitudes, formas de relacionarse que contribuyen a sostener y reafirmar los privilegios masculinos. Como ejemplo cotidiano de esto, encontramos desde los usos de los tiempos al reparto tan desigual de las tareas reproductivas que tiene lugar en la mayoría de las parejas heterosexuales, donde los hombres desarrollan conductas vinculadas a la situación privilegiada respecto a las mujeres. Como afirma Michel Foucault (1980: 108), el poder no está localizado únicamente en las grandes estructuras, sino también en las relaciones subjetivas, y es así como esos mecanismos de poder tienen lugar "de una manera mucho más minuciosa, cotidiana".

Luis Bonino (2002: 14) afirma que los mandatos de la masculinidad hegemónica preexisten al sujeto determinando su sentido de la masculinidad. Según el autor, las lógicas sobre las que se sostiene la masculinidad hegemónica son "la lógica de la construcción excluyente del otro igual (yo u otro, sin nosotros); la lógica del antagonismo y desigualdad con lo no masculino; la lógica de la construcción complementaria". Asimismo, enumera las creencias que constituyen la matriz de la masculinidad hegemónica: la autosuficiencia prestigiosa, la belicosidad heroica, el respeto al valor de la jerarquía, la superioridad sobre las mujeres. Por todo ello, para este autor, la masculinidad hegemónica ha de ser definida como un problema social.

En definitiva, a pesar de los excesos en la sobreutilización del concepto, la definición de la masculinidad hegemónica puede ser útil para que aparezca esa agencia necesaria de articulación de masculinidades contrahegemónicas.

CAPÍTULO 2

HACERSE HOMBRE: EL ESTATUS DE MASCULINIDAD

> "Las mujeres han servido todos estos siglos de espejos que poseían el poder mágico y delicioso de reflejar la figura de un hombre el doble de su tamaño natural."
>
> VIRGINIA WOOLF

> "La virilidad no existe sino en tanto que *idea-fantasma regulador* del comportamiento de los varones, en la medida en que crea vínculos entre ellos."
>
> CELIA AMORÓS

Como seres sociales nuestra identidad no solo depende de la propia autopercepción, sino del reconocimiento del resto. *Hacerse hombre* supone principalmente demostrarlo tanto frente a uno mismo como frente a las demás personas. La masculinidad puede ser interpretada como un *estatus* que otorga el resto de los hombres, por lo que ha de ser demostrado de forma constante. David Gilmore (1994: 22) sostiene que la masculinidad es un "estadio precario y artificial" que ha de ser conquistado por los hombres mediante el paso de diferentes pruebas. Estas *pruebas de virilidad* están presentes en las siguientes páginas, donde se elabora un recorrido por la socialización masculina.

Siguiendo a Segato (2003), para entender la socialización masculina normativa hemos de situarla en la encrucijada de dos ejes: el vertical, en jerarquía con las mujeres; y el horizontal, respecto a los hombres.

NO SEAS UNA NIÑA

La socialización diferencial exige que desde temprana edad niños y niñas aprendan la asimetría de género. La identidad masculina se va definiendo en jerarquía y oposición respecto de aquellos valores, roles, mandatos, comportamientos y actitudes definidas como femeninas. El niño ha de aprender que *no es una niña*, debiendo asimilar que los comportamientos y actitudes de ellos son diferentes a los de ellas. Por tanto, para identificarse con el grupo y ser reconocido como uno más, ha de rechazar todo aquello que socialmente esté vinculado a la feminidad. En este sentido, Pierre Bourdieu (2000: 71) afirmaba que "la virilidad es un concepto eminentemente *relacional*, construido ante y para los restantes hombres y contra la feminidad, en una especie de *miedo* de lo femenino". De este modo, la masculinidad se construye mediante el rechazo a ocupar una posición subalterna, en la que se ubica la feminidad. El niño recibirá de forma sistemática mensajes de identificación con la masculinidad, como el de *sé un hombre*, cuyo subtexto es *no seas una mujer*. Así, los niños son interpelados con este tipo de frases como un imperativo disciplinante en la normatividad masculina. Aunque en algunos entornos se flexibilizan las normas de género, no es extraño que los niños escuchen "no hagas esto, que es de niñas", ya que desde el discurso hasta lo material siguen atravesados por la dicotomía genérica: no hay más que acercarse a los pasillos de la sección de juguetes de las grandes superficies para palpar la pervivencia de la segregación azul/rosa.

A nivel social, el hombre es representado como lo positivo y, además, lo neutro dentro del pensamiento androcéntrico, por lo que, para definirse, necesita significar a las mujeres como lo negativo. El género masculino se construye en contraposición jerárquica respecto a la devaluada *otra*. En el proceso, la socialización masculina está vinculada al poder, mientras que las mujeres son socializadas en el despoder. Es decir, devenir hombre consiste, en gran medida, en asimilar la posición de poder que ocupa lo masculino respecto a lo femenino y, por tanto, el lugar que han de ocupar los sujetos masculinos respecto a los sujetos femeninos. Masculinizarse consiste en el aprendizaje de la importancia masculina frente a la insignificancia femenina; como afirma Josep Vicent Marqués (1997: 9), "ser varón en la sociedad patriarcal, es ser importante", en un doble sentido: en primer lugar frente a las mujeres como sujetos no importantes; y, por otro lado, porque aquello que se considera importante a nivel social se relaciona con los valores vinculados a lo masculino. Un ejemplo de todo esto es la división sexual del trabajo que ubica en el terreno del valor —social y económico— las actividades productivas tradicionalmente masculinas; mientras que los trabajos reproductivos, asociados y desempeñados de forma mayoritaria por las mujeres, han sido y continúan siendo infravalorados tanto social como económicamente.

Esta socialización entrelazada a la idea del poder se traduce en la ostentación de privilegios sobre los sujetos no hegemónicos. El poder sobre las *otras* aparece tan ligado a la construcción de la identidad masculina que, cuando este poder no puede ser ejercido, algunos hombres lo viven como una pérdida de derechos sobre las mujeres, como se observa en el contexto actual ante los avances feministas. Entre los privilegios de la masculinidad hegemónica, podríamos destacar la disposición por parte del sujeto masculino del tiempo, el espacio, los cuidados, el cuerpo y la sexualidad de las mujeres; esto es, a los hombres les educan para disponer de las mujeres (Fabbri, 2020).

Además de todo lo expuesto, la masculinidad se define a través del antagonismo, correspondiéndole a la feminidad típica elementos como la pasividad, la sumisión, la dependencia, la debilidad, la delicadeza, los afectos, *ser-para-otros* (Basaglia, 1983; Lagarde, 2000); mientras que a la masculinidad le corresponde el rol activo, el poder, la independencia, la autonomía, la fortaleza, la razón, la agencia, la subjetividad, la agresividad, el *ser-para-sí-mismo*. El hombre es el sujeto que encarna el ideal de la racionalidad moderna, a través de la definición de las realidades en términos binarios: mente y cuerpo, naturaleza y cultura, razón y emoción, masculino y femenino. Así pues, la feminidad ha sido entendida como corporeidad, mientras que la capacidad reflexiva es conceptualizada como masculina.

Dentro del orden social patriarcal, las mujeres son representadas como cuerpos sin individualidad ni subjetividad reconocida (Posada, 2015) y, por tanto, forman parte de las *idénticas* (Amorós, 1987); es decir, cuerpos percibidos como objetos idénticos sin rasgos de subjetividad que los diferencien. Las mujeres no son representadas como sujetos sino como objetos, siendo el cuerpo lo que las define y por lo que son valoradas. De esta forma, Celia Amorós (1992) expone que en las sociedades patriarcales los hombres son definidos como sujetos, mientras que las mujeres son representadas desde una visión totalizadora que las unifica como idénticas en un *nosotras-objeto*.

En este sentido y respondiendo a dicho carácter relacional, pueden identificarse como mandatos de la feminidad: hacerse cargo de los cuidados, complacer y agradar o satisfacer las necesidades de las y los otros. De esta forma, la identidad femenina se construye fuertemente ligada a la empatía. Mientras que la masculinidad se construye sobre la idea, referida con anterioridad, del *ser-para-sí-mismo*, autónomo e independiente cuyo papel está más centrado en ser proveedor que en cuidar. Entre los mandatos de la masculinidad estaría: asumir riesgos, mantener el poder y el control en todo momento o utilizar la violencia ante situaciones de conflicto. Las únicas emociones permitidas para los *hombres de verdad* serían aquellas relacionadas con el enfado, la rabia o la ira (Cantos, 2016).

En la construcción cultural patriarcal, la mujer es definida en torno a sus relaciones con otros: madre, esposa, prostituta, etc. Sin embargo, el hombre aparece en mayor medida como un sujeto autónomo y los roles relacionales a los que se adscribe como, por ejemplo, padre o marido, no son elementos definitorios de su identidad como se espera que sí lo sean de la femenina. No obstante, la ficción de autonomía del varón necesita de la feminidad para definirse. El género se construye *en relación*; por tanto, un hombre se define como *auténtico* hombre a través de los lazos de instrumentalización y subordinación de las mujeres.

Por añadidura, resulta fundamental vincular la construcción de la masculinidad normativa con la heterosexualidad. La heteronormatividad se encuentra en el eje de la construcción de la masculinidad, ya que articula no solo las relaciones entre hombres y mujeres, sino también las relaciones entre los propios hombres (heterosexuales).

HETERONORMATIVIDAD

La orientación sexual ocupa un lugar central en el proceso de subjetivación y dotación de sentido de las identidades individuales. Por esta razón, a la hora de estudiar los procesos de construcción del género es imprescindible considerar e incluir en el análisis la *heterosexualidad obligatoria*, como la denominó Adrienne Rich (1996); la crítica a la heterosexualidad como un régimen político, como lo definió Monique Wittig (2005); o la idea de la *matriz heterosexual* a la que se refiere Judith Butler, porque como expone esta autora: "La heterosexualización del deseo exige e instaura la producción de oposiciones [...] asimétricas entre lo 'femenino' y 'masculino'" (Butler, 2007: 72). Así pues, la heterosexualidad ocupa un lugar fundamental en la construcción social de las normas y mandatos de género, ya que a través de estos se sigue presentando como la forma aceptable y deseable de vivir la sexualidad.

Aunque los tiempos están cambiando, la heterosexualidad no es habitualmente reconocida o problematizada públicamente, porque es la norma sexual y se encuentra naturalizada e institucionalizada a través de la estructura social (Richardson, 1996; Katz, 2012). Con ello se obvia el contexto social e histórico, y la sexualidad aparece como un elemento preexistente, universal, natural e inherente a los cuerpos asignados masculinos de un lado, femeninos de otro.

A partir de los primeros trabajos científicos en sexología, a principios del siglo XX, la sexualidad de los hombres queda conceptualizada como una especie de instinto primitivo que pertenecería al ámbito de lo ontológico, contribuyendo a perpetuar la naturalización de los roles asignados socialmente a los hombres como sujetos activos y a las mujeres como objetos pasivos cuya sexualidad ha de ser *despertada* por los primeros. Estas ideas se desarrollarán con posterioridad fundamentalmente desde el área conocida como sociobiología (García Dauder y Pérez Sedeño, 2017). Desde este campo se argumenta que el comportamiento humano sigue el principio de maximización de las posibilidades en la reproducción de genes. Como los hombres producen millones de espermatozoides al día, su inversión para tener descendencia sería pequeña; mientras que la inversión de las mujeres, teniendo en cuenta el más reducido número de óvulos, sería considerablemente mayor. Siguiendo esta lógica, los sociobiólogos afirman que el macho humano intentaría inseminar a tantas hembras como sea posible. Sin embargo, las mujeres serían más selectivas y exigentes. Así, ellas buscarían calidad y ellos cantidad. Los sociobiólogos concluyen esta teoría diciendo que, por este motivo, tanto el adulterio como la poligamia o la violación son actitudes inherentes a la naturaleza masculina. Estas ideas propias del determinismo biológico calaron en el imaginario sociosexual colectivo, y en ocasiones se siguen reproduciendo en la actualidad dando forma a la sociobiología *vulgar* (Sahlins, 1982). Es decir, hombres corrientes que utilizan un argumentario seudocientífico para interpretar sus experiencias sexuales como un impulso incontrolable.

Además de todo esto, es importante destacar que en la creación del conocimiento sexológico de principios del siglo XX intervinieron psicoanalistas que influyeron notablemente en que su estudio se centrara principalmente en la patologización de la sexualidad de algunas mujeres, especialmente, en torno a "enfermedades" como la frigidez y la histeria.

Las críticas a estos postulados surgirán desde la teoría feminista, sobre todo en la etapa de los años sesenta y setenta a través de las contribuciones del feminismo radical, que conceptualizará la *política sexual* como el elemento fundamental sobre el que se sostienen las sociedades patriarcales (Millett, 1969). Será a partir de ese periodo cuando se comience a definir la sexualidad como una construcción social (Maquieira, 2001) desde obras tan importantes como *Historia de la sexualidad* de Foucault, publicada en 1978, donde esta es definida como un constructo social formado a través de discursos que crean, mantienen y reproducen valores, conductas y creencias sexuales sobre lo deseado y lo desviado socialmente. Por otro lado, coinciden esos años con la incorporación de la categoría *género* como concepto analítico en las ciencias sociales, continuando el camino de desnaturalización frente al determinismo biológico.

Así es como la sexualidad queda conceptualizada como un constructo social, de tal forma que nuestros sentimientos, conductas, prácticas, deseos y formas de pensar la sexualidad serían el resultado de procesos sociales, culturales e históricos. Con esto no se rechaza la influencia de la fisiología en la sexualidad, puesto que esta tiene sus raíces en la corporalidad, pero ni cuerpo ni fisiología son decisivos para su configuración. No se puede obviar que las posibilidades eróticas de las personas no se expresan de forma espontánea, sino que se organizan en la encrucijada de creencias y valores cambiantes; de tal forma que es imposible analizar la sexualidad observándola únicamente desde el terreno biológico o individual, porque las conductas sexuales adquieren significado en el contexto social a través de la construcción de expectativas, rituales, roles, mitos, creencias en torno al sexo, etc. Actualmente, la sexualidad se ha transformado en un campo de batalla político y económico, y adquiere especial importancia como un dispositivo de definición de subjetividades, siendo a la vez una fuente de placer, de dolor, de rechazo, de temores o de realización.

Es fundamental conectar la masculinidad hegemónica con la heteronormatividad porque en este ser y representarse hombre existe una estrecha relación entre la heterosexualidad y la identidad de género masculina. La actividad sexual es primordial en el proceso de confirmación de la masculinidad, es decir, en el despliegue de masculinidad tanto para sí como frente al grupo de iguales masculinos. De esta forma, mostrar que se es activo sexualmente en relaciones heterosexuales se convierte en un elemento central para los hombres. Siguiendo a Gómez *et al.* (2015: 26): "Hoy en día, la virilidad se construye a través de una 'compulsiva vida sexual' de la que se presume delante del grupo de pares". Tanto es así que la primera experiencia sexual con una mujer se considera uno de los ritos de transición a la vida adulta del *auténtico hombre*.

Además, la experiencia sexual masculina (hegemónica) gira en torno a la potencia y al rendimiento de la genitalidad, convertida en símbolo de la fuerza sexual. En torno al rendimiento sexual o la *fuerza sexual* masculina se establecen mitos o ficciones con un carácter altamente persuasivo en la definición de la masculinidad hegemónica. Entre ellos, persisten ideas como que el hombre ha de estar siempre dispuesto a mantener relaciones sexuales, que ha de mostrarse en estado de excitación permanente, que la impotencia es equivalente a la pérdida de virilidad, o que la práctica sexual ha de concluir siempre en coito (Matesanz, 2006). En dicha reducción de la sexualidad a la genitalidad, esta adquiere un papel central como instrumento de reafirmación de la potencia sexual y, por tanto, la ausencia o disminución de la erección puede ser percibida por algunos hombres como un decrecimiento de su estatus de virilidad. Así, puede afirmarse que el modelo que se reproduce es falocentrista o lo que Bourdieu (2000) denomina como "falonarcisista": el centro del imaginario sexual masculino gira material y simbólicamente en torno al pene, tanto por la importancia que se le da en el modelo de sexualidad centrado en la penetración, como por la preocupación por el tamaño o la duración de la erección.

En esta desigual forma de experimentar la sexualidad falocéntrica algunos autores argumentan que el sexo se vive como experiencia penetradora, y el pene erecto aparece como el símbolo de esa potencia para invadir otros cuerpos-territorio (Salas y Campos, 2004). En este sentido, el cuerpo es el espacio desde el que se materializa la fuerza sexual, y el cuerpo hegemónico se convierte en fortaleza y barrera impenetrable. De esta forma, los cuerpos penetrables son aquellos catalogados como pasivos, donde se englobaría a las mujeres y a los hombres homosexuales. El cuerpo masculino normativo es activo y, por tanto, ha de ser penetrador pero no penetrado (Gimeno, 2012; Sáez y Carrascosa, 2011). Los cuerpos penetrables se muestran como cuerpos vulnerables y pasivos, características que no han de ser relacionadas con el *auténtico hombre*. Se construye así la idea de hombre impenetrable tanto corporal como psicológicamente: la impenetrabilidad afectiva y empática forma parte del proceso de enmascaramiento tras el cuerpo construido como fortaleza.

En este punto, es imprescindible referirse a las narrativas que naturalizan la sexualidad masculina como si fuese un instinto, un impulso o una necesidad. En dicho relato esta aparece reducida a la genitalidad masculina, y a la "satisfacción eyaculatoria" (Chejter, 2011: 59), en una percepción de la sexualidad masculina como sexo mecánico que se experimenta como una necesidad de descarga.

De esta manera, la sexualidad masculina aparece como *necesidad* o *pulsión*, correspondiéndose con una visión esencialista del deseo masculino y convirtiéndose la *fuerza sexual* en una fuerza de la naturaleza, y la heterosexualidad en el deseo *natural*. El deseo masculino tiende a aparecer representado como el de un animal en celo; no obstante, la práctica sexual humana y, en este caso heterosexual, no se rige por los periodos de fertilidad de las mujeres, sino que está atravesada por los sentidos y significados sociales que construyen los deseos. En palabras de Julián Fernández de Quero (2011: 18):

[…] en la sexualidad humana el proceso es reflexivo, las respuestas son pensadas y, por ello mismo, pueden variarse, modificarse, establecer un diálogo entre sujetos iguales, introducir elementos afectivos y llegar a acuerdos negociados. Incluso es un proceso que se puede frenar, terminar sin llevarlo a su fin y cambiarlo de sentido. Por eso, la sexualidad humana se dice que es plástica (variable y adaptable) y puede experimentarse de múltiples formas y maneras.

En esta representación de la masculinidad hegemónica, el placer sexual de las mujeres es instrumental, ya que su función orbita en torno a la centralidad del hombre. En este sentido, se puede afirmar que las mujeres son presentadas "material y simbólicamente, como agentes regulatorias de una sexualidad masculina que se construye desbordante e insaciable" (Parrini *et al.*, 2014: 154). El deseo femenino aparece como "subordinación erotizada" (Bourdieu, 2000: 35); así, el deseo y el placer de la mujer no tendría entidad como tal, sino que es buscado para confirmar la masculinidad del sujeto hegemónico que se encuentra en el centro de la escena sexual.

En esta época de resquebrajamiento de algunos de los pilares sobre los que se sostiene la masculinidad hegemónica, como veremos, la actividad sexual adquiere mayor importancia en la confirmación de la hombría. En este sentido, "la intensificación de la expectativa de hipervirilidad sexual, bajo el objetivo estructural de reproducir los privilegios sexuales patriarcales, condiciona la vivencia de la sexualidad como una forma de confirmación de la masculinidad" (Sambade, 2017: 171).

Así, la cuantificación de las experiencias es fundamental en la expresión de masculinidad para muchos hombres. La socióloga Eva Illouz (2014) expone que la sexualidad masculina ha pasado a ser redefinida como *sexualidad serial*, pues se trata de una forma de experimentar la sociedad basada en acumular experiencias. Es decir, la sexualidad masculina se construye en relación al consumo de experiencias sexuales.

Por otro lado, cuando se hace referencia a la construcción de la sexualidad masculina en la sociedad contemporánea, es imprescindible incorporar la pornografía hegemónica o *mainstream* como una fuente de creación del imaginario sexual. Esta es aquella que forma parte de la industria del sexo y se ha convertido en un dispositivo de consumo masivo y de fácil acceso a través del desarrollo de internet y el aumento de plataformas de acceso gratuito, como veremos más adelante.

Por todo lo expuesto en este apartado, lo que se argumenta es que, en la sociedad hipersexualizada, las experiencias sexuales adquieren mayor relevancia en la definición de la masculinidad hegemónica.

UNO DE LOS NUESTROS

La heterosexualidad está en la base de las relaciones con las mujeres, pero también entre los hombres. En estas últimas, la homosocialidad es fundamental en esta masculinidad que es exaltada como modelo normativo pero, a su vez, en la que el hombre ha de demostrar permanentemente que no es homosexual y que no desea tener relaciones sexuales con hombres. Autores como Michael Kimmel (1994) vinculan la construcción de la norma masculina directamente con la homofobia, ya que la homosexualidad es representada como femenina y como degradante. Prueba de ello es que cualquier hombre recibe el calificativo de *maricón* con intención despectiva.

La filósofa Celia Amorós (1992: 45) explica que "la autopercepción por parte de los varones de su virilidad no se produce nunca *in recto* —¡Qué macho soy, soy un hombre!— sino que, contra lo que podría parecer, se agota en la *tensión referencial* hacia los otros varones —Soy un hombre porque soy como ellos—". Por ello, el eje horizontal se articula en torno a la homosocialidad, porque el grupo de pares es un referente fundamental dentro de la socialización masculina. Estos grupos de iguales se definen, en gran medida, a través de la segregación genérica, es decir, mediante la exclusión de las niñas en la infancia; y de las mujeres en la vida adulta.

La importancia del grupo de iguales masculinos se observa de una forma especialmente clara en la etapa de la adolescencia como periodo de transición del niño a adulto. Será el propio grupo de adolescentes el que avale la masculinidad de los integrantes a partir de las pruebas o ritos establecidos. De acuerdo con Elizabeth Badinter (1993: 18), en la adolescencia "la demostración exige unas pruebas de las que la mujer está exenta. La menstruación llega de manera natural [...] y con ella la niña pasa a ser mujer ya para todo el resto de la vida". Es decir, si para las niñas este proceso fisiológico significa socialmente el hito de transición a la vida adulta, para los niños, y a pesar de que su cuerpo también experimente cambios en la adolescencia, no tiene el mismo poder simbólico que la menstruación. Marqués (1990: 56) señala lo siguiente respecto a la importancia del grupo en la adolescencia:

La pandilla de varones no deja de estar constituida por otros adolescentes igualmente inseguros respecto del grado en que han alcanzado la condición de varones/adultos. De ahí que sus prácticas y discursos se centren en lo más espectacular, aparente, rudo y exagerado del comportamiento masculino. El desprecio a las mujeres, el culto a la fuerza o el gusto por la transgresión (Marqués, 1990: 56).

El grupo de pares también lleva a cabo una especie de "sanción normalizadora", tomando este concepto de Foucault (2008: 182), porque cuando un hombre no cumple con los mandatos de la masculinidad es habitual que se le feminice y sea representado como desviado de la norma masculina. La disciplina grupal sirve para reducir la diversidad de las masculinidades, de tal forma que el disciplinamiento es útil en el mantenimiento de los valores de la masculinidad hegemónica para los hombres. Como afirma Rosa Cobo (2017: 206), la masculinidad hegemónica reúne dos características constitutivas de un hecho social tal y como lo describía Durkheim: la externalidad y la coacción, en palabras de la propia autora: "Si los niños o los varones adultos intentan sustraerse a ese modelo se encuentran con poderosos mecanismos de control social que les impedirá saltar los límites de esa normatividad. La coacción, por tanto, se encuentra en la dificultad de desmarcarse de esa estructura normativa".

Por ello, para explicar el proceso de hacerse hombre y la importancia del grupo de iguales, tomamos la propuesta de Enrique Gil Calvo (2006: 25) de la metáfora de la *máscara*, pues ser hombre no consistiría solo en serlo, sino en parecerlo de cara a los demás mediante una *performance* o representación continua de la masculinidad. Ser hombre supone enmascararse a fin de llevar a cabo una ficción representada para otros: "Hacerse hombre consiste en enmascararse, pues la masculinidad siempre es una máscara: una prótesis extracorpórea de naturaleza fálica, en tanto que metáfora de la erección a la que alude". De esta forma, la masculinidad es presentada como una continua representación pública a ser evaluada por los demás. Siguiendo a Butler (2007), el género es conceptualizado también como performativo. Asimismo, el género es discurso y narración, puesto que la masculinidad se forma y fortalece respecto al resto de personas, mediante la narración de las experiencias vividas. Así, la masculinidad ha de demostrarse constantemente a través de prácticas y narraciones, para conseguir el reconocimiento del resto de varones. La identidad de género se construye en gran parte a través de la teatralización, buscando la autorreafirmación y la reafirmación del grupo. En este sentido, la masculinidad está en constante tensión ante la aprobación de los demás y de sí mismo. Por todo ello, es acertado referirse a la ficción que supone el género y, en este caso, la masculinidad.

La confraternización masculina es fundamental en el proceso de socialización de los hombres a lo largo de su vida. Es por ello que algunas autoras se refieren al *patriarcado fraternal* (Amorós, 1990; Pateman, 1995). Los pactos entre hombres han sido denominados como: solidaridades viriles, redes de fraternidad, hermandad viril o afiliaciones horizontales[4]. Por otro lado, Celia Amorós (1990) se refiere a los *pactos seriales* como aquellos cuya violencia no es excesivamente represiva y que se

---

4. "Solidaridades viriles" (Bourdieu, 2000: 70), "redes de fraternidad" (Gil Calvo, 1997: 84) de las que se excluye a las mujeres, "hermandad viril" (Segato, 2016: 40) o "afiliaciones horizontales" (Armstrong, 1991: 91).

basan en la exclusión de las mujeres, como lo no-pensado o no tenido en cuenta. No obstante, cuando el grupo que sella el pacto se ve amenazado, se repliega para mantener los intereses y objetivos de los integrantes.

La *fratría* es la alianza entre hombres a través de la cual se articula y mantiene el poder del sujeto hegemónico en la estructura social y las distintas instituciones. Este concepto permite imbricar la homosocialidad masculina en las estructuras y las relaciones de poder. Además, hay que destacar que la fratría se sostiene sobre la segregación de las mujeres de los espacios de poder porque la construcción de la masculinidad se produce precisamente a través de esa exclusión de las *otras*, las mujeres. La fratría se erige mediante la exclusión de las mujeres —que no pueden ser parte del grupo de iguales—, pero *a través* de las mujeres, pues los hombres necesitan a las mujeres para constituirse como *auténticos hombres*. La masculinidad hegemónica se establece en la jerarquía respecto a la feminidad y necesita de esa jerarquía para perpetuarse. Para que los hombres se adecúen a la masculinidad hegemónica, la mujer tiene que ser pensada a través de su carácter instrumental y subordinado, y será funcional en tanto en cuanto sirve para expresar la masculinidad frente al grupo de iguales, es decir, se concibe "como objeto transaccional de los pactos entre varones" (Amorós, 1990: 12). Por ello, la hiperfeminidad se presenta como el correlato de la masculinidad hegemónica donde las mujeres aparecen como mediadoras simbólicas entre los hombres, y son utilizadas para comunicarse y generar vínculos entre ellos (Cobo, 2016; Szil, 2004). Esto se observa de forma clara en las relaciones sexuales de los hombres con mujeres que están, de alguna manera, estructuradas sobre las relaciones no sexuales de hombres con otros hombres. De tal forma que la actividad sexual es un elemento clave en el reconocimiento de la masculinidad por parte del grupo de iguales, pues a través de la demostración de la heterosexualidad y de las narraciones de experiencias sexuales se confraterniza, se establecen lazos entre hombres. Por tanto, el sexo heterosexual se presenta como un elemento esencial de la homosocialidad masculina. En la misma línea, Rita Laura Segato (2016: 40) en su análisis sobre la violencia sexual contra las mujeres define la masculinidad como un estatus otorgado por los otros hombres pero condicionado a su obtención a través de la utilización violenta, en este caso, del cuerpo de las mujeres.

CAPÍTULO 3

RESQUEBRAJAMIENTO DE LA MASCULINIDAD HEGEMÓNICA

> "El privilegio masculino no deja de ser una trampa y encuentra su contrapartida en la tensión y la contención permanentes, a veces llevadas al absurdo, que impone en cada hombre el deber de afirmar en cualquier circunstancia su virilidad."
>
> PIERRE BOURDIEU

En la actualidad, nos encontramos ante un panorama de cierto resquebrajamiento de los pilares tradicionales sobre los que se venía sosteniendo la masculinidad hegemónica. En el Estado español, como en otros países occidentales, contamos hoy día con marcos legislativos tendentes a la igualdad de oportunidades entre mujeres y hombres. Vivimos en sociedades formalmente igualitarias pero estructural y cotidianamente desiguales.

En este marco, desde hace años diversos autores se referían a la *crisis* de la masculinidad o incluso al "otoño del patriarcado" (Lomas, 2008). La idea de la crisis nombra la deslegitimación de algunos de los valores típicamente masculinos y que desestabilizan la rigidez del proceso de subjetivación de los hombres. Este proceso de deslegitimación es producto de la interpelación crítica que emerge desde el movimiento feminista, que ha tomado más fuerza en los últimos años, así como de otros procesos sociales y económicos que hacen tambalear las certezas de otras épocas. Quizá la masculinidad lleva tiempo en estadio de "crisis crónica", como diría Enrique Gil Calvo (2009), o la propia crisis es un elemento central de la masculinidad en la sociedad contemporánea donde todo está en crisis menos la crisis. Pero si la masculinidad estuviera sufriendo una auténtica crisis, ¿no deberíamos haber visto ya quebrar las instituciones fundacionales del patriarcado? ¿Los hombres no hubieran dejado de estar sobrerrepresentados en el ámbito público y se habrían hecho cargo de las tareas que también les corresponden en el ámbito privado? No nos atrevemos a afirmar que *crisis* sea la palabra más adecuada para denominar al estado actual de la masculinidad en el contexto occidental, pero lo cierto es que *algo* está pasando. Autores jóvenes que están experimentando estos cambios mientras los problematizan, como Joan Sanfélix (2020), hablan de *la brújula rota de la masculinidad*, mientras que Lionel S. Delgado (2018) se refiere a la *crónica de la incertidumbre* para dar cuenta de la compleja situación de esta travesía. En este sentido, Marina Subirats (2020) sostiene que el modelo de masculinidad tradicional ha quedado obsoleto ante los cambios sociales de las últimas décadas, donde la masculinidad hegemónica estaría dejando de ser necesaria e incluso disfuncional para la sociedad.

Previamente, la masculinidad hegemónica se había servido de algunos pilares o elementos sobre los que articularse como serían la función proveedora, la progenitora y la protectora (Gilmore, 1994), e incluimos la pensadora y definidora del mundo.

Como señala Octavio Salazar (2012), los hombres se definen por las actividades que desempeñan, por lo que consiguen y el éxito alcanzado. El rol de proveedor cabeza de familia se constituía —y aún hoy se constituye— como elemento clave en la definición de lo que es *ser hombre*. Sin embargo, en la actualidad, para muchos hombres los ámbitos del trabajo o de la familia se desestabilizan como escenarios de demostración y reafirmación de la hombría. Gil Calvo (2006: 55) lo define de una forma clara: "Se ha roto en mil pedazos la continuidad lineal de las biografías masculinas, antes vertebradas por el empleo estable y el matrimonio indisoluble y hoy quebradas tanto por el paro y la precariedad laboral como por el divorcio y la desorganización familiar".

LA AUTORIDAD (RACIONAL) MASCULINA

El proyecto intelectual y político de la modernidad surge en Europa a partir del siglo XVIII desarrollado por los filósofos de la Ilustración y, con ello, nos encontramos ante el origen de la racionalidad, la objetividad, el método científico, las leyes universales, los conocimientos especializados, en definitiva, la epistemología moderna. La modernidad es la época de los grandes relatos y las macronarrativas a través de las cuales se formulan explicaciones globales sobre el funcionamiento de la sociedad. En este periodo de emergencia filosófica y de cambio de paradigma e ideas revolucionarias, el sujeto que encarna el nuevo modelo de sociedad es el hombre, blanco, heterosexual, occidental, burgués, que se olvida por completo de las mujeres —y de los hombres de las clases populares— y que es capaz de emerger vinculado a la depredación colonial.

Con la modernidad el ciudadano masculino personifica la idea de la racionalidad, el conocimiento y la autoridad; mientras que, por contrapartida, lo femenino es asociado con la ausencia de racionalidad y la voz de las mujeres es infravalorada y carece de autoridad como conocedoras de cualquier asunto de interés público. Incluso las mujeres que participan en las revoluciones liberales, como la Revolución Francesa, son excluidas del nuevo modelo de sociedad[5].

Desde esta situación al presente, las figuras masculinas son percibidas como portadoras de la superioridad intelectual frente a la supuesta ignorancia femenina. La socialización masculina está atravesada por la idea del reconocimiento, y este se adquiere, en parte, mediante la posibilidad de situarse en el papel de ser la *voz de autoridad*, como lo denomina la historiadora Mary Beard (2018). El sujeto masculino hegemónico adquiere validación y reconocimiento a través de erigirse como experto, como voz de autoridad.

Así, la voz de autoridad es aquella con el capital simbólico que permite generar las narrativas hegemónicas que construyen la mirada al mundo. Es decir, la mirada hegemónica masculina

---

5. La exclusión y el castigo se manifiestan de la forma más severa en el caso de Olympe de Gouges, condenada a la guillotina por escribir la *Declaración de los Derechos de la Mujer y la Ciudadana* en 1791, como una copia de la declaración oficial en la que se reivindicaba la inclusión de las mujeres.

es la que realiza el *framing*, la enmarcación de la realidad, e impone su perspectiva como objetiva, como la verdad universal. La *male gaze*[6] no solo influye sino que determina nuestra mirada al mundo.

No hay que olvidar que el sujeto portador de la voz de autoridad es capaz de erigirse aprovechándose de la posición de subalternidad de las mujeres. Los grandes pensadores se han beneficiado a lo largo de la historia de la división sexual del trabajo, que les permitía tener una habitación propia —como reclamaba Virginia Woolf para las mujeres—, como un espacio-tiempo merecido por el mero hecho de ser hombres, mientras las mujeres de forma generalizada no han gozado de ese espacio, ya que han tenido que hacerse cargo de todo el trabajo reproductivo y de cuidados. La pregunta que plantea Katrine Marçal (2017) es imprescindible, "*¿Quién le hacía la cena a Adam Smith?*", y añadimos más preguntas: ¿quién le lava la ropa? ¿Quién limpia el baño? Es más sencillo poseer tiempo para pensar y escribir cuando son otras quienes satisfacen las necesidades de cuidados del individuo pensante; un individuo que se concibe como autónomo. Sin embargo, esta supuesta autonomía se consigue a través de no hacerse cargo de los cuidados y que, con ello, invisibiliza su dependencia hacia aquellas que se ocupan de estas tareas necesarias para el sostenimiento y el desarrollo de la vida. El ideal de hombre autónomo ha podido erigirse sobre el *cuidatoriado* (Durán, 2018), como esa especie de proletariado del trabajo reproductivo y de cuidados conformado por las mujeres.

Por esta razón, los grandes pensadores con reconocimiento han sido —y en gran medida continúan siendo— hombres, porque dentro de la cultura androcéntrica y patriarcal el sujeto con tiempo y capacidad para dar cuenta tanto de lo que ocurre en el mundo como de generar ideas acerca de otros mundos posibles han sido las figuras masculinas. Tanto quienes se encargan de los asuntos públicos —de la no ficción— como aquellos que se

---

6. Como lo denomina la autora Laura Mulvey (2001).

encargan de construir las ficciones han sido mayoritariamente hombres (con un determinado estatus en cuanto a capital económico y cultural).

Tal y como expone Joanna Russ (2018) en *Cómo acabar con la escritura de las mujeres*, a lo largo de la historia han existido mecanismos disuasorios para que las mujeres no escriban o, si lo hacen, se articulan estrategias para ocultarlas, aislarlas, minimizar sus contribuciones o hacerlas creer a ellas mismas y a la sociedad en su conjunto que no tienen valor porque no están a la altura del canon androcéntrico y patriarcal. Estos mecanismos están inscritos en la propia socialización de las mujeres con unos roles de género muy definidos, que han ido desde la prohibición hasta los actuales sesgos de género conscientes e inconscientes, que tienden a minimizar las contribuciones de las mujeres en todos los ámbitos de conocimiento y creación. El ejemplo que analiza Russ con la escritura puede ser trasladado a cualquier esfera donde las mujeres son sistemáticamente infravaloradas como expertas. El silenciamiento y la minusvaloración de las mujeres es un asunto político que se encuentra en la base del sistema de dominación patriarcal.

En este sentido, no es de extrañar que en los últimos años se haya popularizado tanto el concepto *mansplaining* que inaugura Rebecca Solnit (2015) como ese fenómeno a través del cual se produce el silenciamiento de la voz de las mujeres porque, independientemente de lo que estas sepan sobre un tema —incluso siendo expertas en el mismo—, se da por sentado que cualquier hombre tiene mayor conocimiento sobre ello, así como la capacidad para explicárselo a las mujeres, habitualmente de forma condescendiente, paternalista o arrogante, mostrando un exceso de confianza también en temas en los que no son expertos. En relación al *mansplaining*[7], recientemente se ha difundido la idea del *síndrome de la impostora*, que se caracteriza por experimentar la autopercepción de que, a pesar

---

7. También hay que relacionar el *mansplaining* con el *manterrupting*, que consiste en la interrupción sistemática de los hombres a las mujeres cuando estas están hablando.

de poseer conocimiento sobre un tema, competencias o habilidades, la propia persona se infravalora y no se concibe capacitada, sintiendo de forma recurrente que el resto de las personas adivinarán que es un fraude. Este síndrome tiene un componente de género fundamental porque, como decía una tuitera: "Por cada mujer con síndrome del impostor hay tres hombres con delirios mesiánicos"[8]. El exceso de confianza masculina que confiere el constituirse como sujeto portador de la razón les sitúa (casi) siempre en un plano de superioridad intelectual —y de la seguridad para defenderlo— respecto a las mujeres.

Desde hace unas décadas, la entrada de las mujeres en la esfera política, empresarial, el éxito desbordante de algunas escritoras y directoras de cine, etc., así como el protagonismo de las mujeres en los movimientos sociales (como el feminista, la Plataforma de Afectados por las Hipotecas o el movimiento contra el cambio climático), están trastocando la idea de que las mujeres carecen de autoridad, ya que consiguen cada vez más cuotas de legitimidad en espacios previamente vetados. Aunque aún estemos lejos de alcanzar cuotas equitativas, el empuje de la transformación en el rol de las mujeres provoca reacciones y resistencias masculinas ante la ocupación del espacio que han concebido durante tantos siglos como *naturalmente* propio.

DE PROVEEDORES FAMILIARES A SUJETOS PRECARIOS

El trabajo estable confería un sentido de estar en el mundo a los hombres, ya que las identidades masculinas se construyen, en gran medida, mediante su inscripción en el ámbito de la producción y la esfera pública. El empleo también convertía al hombre en el *breadwinner*, el proveedor principal de la unidad familiar. No obstante, en el periodo actual del capitalismo tardío

---

8. Tuit de @andreatararea, 22 de julio de 2020 (19:53).

en su fase neoliberal, se han precarizado las formas de trabajo y, para muchos hombres, esto ha supuesto encontrarse con situaciones de desempleo o trabajos cada vez más precarios que quiebran este pilar del proceso de subjetivación masculina. La seguridad que proporcionaba el trabajo estable se ha tornado en incertidumbre y, por tanto, el trabajo estable ligado a la idea de proveedor de la familia se resquebraja como resorte de la masculinidad para muchos hombres.

Como consecuencia de la deriva neoliberal en conjunción con las crisis económicas, la precariedad y la incertidumbre se han convertido en elementos ya no coyunturales sino estructurales del mercado de empleo. En las últimas décadas viene desarrollándose una reestructuración del mercado laboral definida por algunos de los siguientes elementos: la pérdida de poder de los sindicatos; el crecimiento de la inseguridad en el empleo, de la temporalidad y de las formas de trabajo informales; el empeoramiento de las condiciones laborales; el aumento de las desigualdades sociales, la polarización de la desigualdad; y un auge de la vulnerabilidad social (Benería *et al.*, 2018). Robert Castel lo explica de la siguiente manera:

Hoy en día la coyuntura social es más dura, el empleo escasea, reina la competencia exacerbada entre los candidatos a un puesto de trabajo, la amenaza del paro y del despido está siempre presente, lo que en suma da lugar a una multiplicación de las categorías sociales que sufren dificultades de integración y se ven amenazadas por la exclusión, o al menos, están condenadas a formas de vida precarias (Castel, 2014: 23).

La pérdida de derechos laborales, la incertidumbre en el empleo, la temporalidad o la ausencia de un salario suficiente impacta en los procesos de subjetivación de las personas, y en el caso de los procesos de subjetivación masculina, para muchos hombres, aleja la idea de ser el proveedor principal de la unidad familiar. La quiebra del rol de proveedor está directamente vinculada con su impacto en el rol del padre y la familia patriarcal, como veremos en el siguiente apartado.

En relación a la quiebra de este eje articulador de la masculinidad, como consecuencia de las crisis económicas, ha aumentado el malestar en torno a la salud mental entre muchos hombres desempleados en esa especie de *shock* que, en algunos casos, ha producido la imposibilidad de cumplir con este mandato que define la masculinidad adulta. Tras la crisis económica de 2008, algunos hombres no fueron capaces de establecer estrategias de supervivencia ni en el plano productivo ni reproductivo, mientras que las mujeres se vieron forzadas a adaptarse y buscar formas de consecución de ingresos que permitieran garantizar la supervivencia propia y de las personas que dependían de ellas (Ranea, 2018).

Por otro lado, en el análisis de la masculinidad hegemónica hay que tener en cuenta las relaciones entre lo global y lo local, y las conexiones que se establecen entre el modelo hegemónico de la globalización neoliberal capitalista del hombre de negocios y la persistencia de ideales locales. Nos encontraríamos con el *businessman*[9] liberal y cosmopolita de clase media o media-alta que se promueve como el *hombre nuevo* del capitalismo neoliberal, cuya definición de la masculinidad está vinculada al trabajo entendido no solo como el medio por el que obtener remuneración para mantener a la familia, sino también como espacio para labrar una carrera profesional (Beynon, 2002) y conseguir prestigio social a través del reconocimiento del resto de varones que conforman los círculos de poder, en ese ambiente corporativo ampliamente masculinizado y masculinizante.

A su vez persisten los ideales locales, como en el caso de España, donde podríamos hablar del *macho*, más relacionado con la clase trabajadora y con la imagen de fortaleza corporal. Serían hombres de clase obrera que ostentan poco o ningún poder formal en su puesto de trabajo y, por tanto, adoptarían la identidad de macho para enmascarar este hecho y compensarlo en el ámbito doméstico y privado. Por tanto, en un momento

---

9. Junto a esta idea, más adelante reflexionaremos sobre la figura del *emprendedor*.

histórico determinado coexisten distintos ideales de masculinidad que son negociados de tal forma que mantienen nexos comunes, ya que dichos modelos siguen perpetuando las relaciones de poder desiguales entre mujeres y hombres. Sin embargo, como sostiene Beymon (2002: 16), el modelo de masculinidad hegemónica de clase trabajadora nacido con la Revolución Industrial, basado en la idea de la fuerza física y el trabajo en la fábrica, tiende a perder relevancia en la era posfordista. Ese ideal del *macho* persiste, aunque con menor poder simbólico.

Diferentes autores han abordado la cuestión de las experiencias de poder contradictorias de los hombres en la sociedad contemporánea (Kaufman, 1994; Pease, 2000), ya que, mientras algunos hombres dominan las organizaciones, las instituciones y detentan el poder social, otros viven un desempoderamiento en el terreno personal, por su posición en las jerarquías de clase o raza/etnia, ya que el poder social e institucional no siempre está directamente relacionado con su experiencia individual. La clase social influye en el devenir de la masculinidad; no obstante, tanto el trabajador como el hombre de clase media o media-alta tienen elementos comunes de la visión de la masculinidad en torno al rol de proveedor de la familia (Morgan, 2005). Ese rol constituye el elemento fundamental que hace que ambos sean respetables y reconocidos en el espacio público.

CUESTIONANDO AL PADRE Y LA FAMILIA PATRIARCAL

Otro de los elementos clave dentro de la definición tradicional de la masculinidad tiene que ver con la creación de una familia a través de la que el hombre se erige como *pater familias* y se hace cargo de la provisión de los bienes materiales y económicos necesarios para el mantenimiento de la misma. Este pilar de la masculinidad está directamente ligado a la idea de trabajo y provisión y protección familiar. La quiebra del rol de proveedor principal de la unidad familiar supone en muchas ocasiones la ruptura de la autoridad del *pater familias*.

La familia patriarcal simbolizada en el matrimonio heterosexual pierde también la estabilidad que caracterizaba esta institución. En la familia patriarcal el *pater familias* se constituía, a través del matrimonio, en dueño de su esposa y de sus hijos, así como de los bienes, y, con ello, se realizaba una especie de símil entre matrimonio y parentesco como propiedad masculina. Tanto la posición de la mujer como de su prole dependían de la existencia de la autoridad y el poder material y simbólico del padre-marido. De esta forma, la familia constituía "una unidad patriarcal dentro del conjunto del patriarcado" (Millett, 1969: 83). Las mujeres, como figuras infantilizadas, pasaban de ser propiedad del padre a serlo del marido, tanto material como simbólicamente. Un ejemplo claro de la parte de propiedad simbólica sigue perviviendo en muchos países occidentales donde las mujeres pierden su apellido familiar para portar el de sus maridos.

La unidad patriarcal a pequeña escala se sostenía sobre la subalternidad de las mujeres, que sigue reproduciéndose hoy día en muchos núcleos familiares, y tiene su cara más cruenta en la violencia de género dentro de la pareja o expareja. No hay que obviar que este tipo de violencia machista, hasta hace demasiado poco, no era un asunto público y aparecía normalizada tanto entre hombres como mujeres, como muestra de forma extremadamente clara el relato de aquella mujer que le comentó a Miguel Lorente (2009): "Mi marido me pega lo normal".

Si seguimos mirando el resto de la fotografía marital, como expone Carole Pateman (1995), el contrato de matrimonio se constituía como una réplica a pequeña escala del *contrato sexual original*, a través del que los miembros de la fraternidad masculina se garantizarían la propiedad de una mujer para cada hombre[10].

---

10. El correlato del matrimonio es la prostitución, ya que el pacto originario entre varones —que Pateman denomina *contrato sexual*— garantiza la subordinación de las mujeres y, con ello, el acceso al cuerpo de las mismas dividiéndolas en dos

Esta propiedad se manifestaba en el hecho de adquirir por parte del marido el derecho a la libre disposición del cuerpo, la sexualidad y el tiempo de *su* mujer. Por tanto, el acceso al cuerpo de la esposa con fines sexuales se conceptualizaba como un *derecho conyugal* adquirido por el marido. La firma del contrato de matrimonio significaba, entre otras cuestiones, la disponibilidad sexual de la esposa al marido cuando este desease. Argumenta Pateman que el correlato del matrimonio es la prostitución, donde también se hace manifiesto el *derecho sexual* de los hombres sobre las mujeres que, en este caso, además, no son propiedad exclusiva de un solo hombre, sino de todos. En este mismo sentido, Adrienne Rich (1996: 33) sostiene que "la ley del derecho sexual masculino sobre las mujeres, [...] justifica, por una parte, la prostitución como presupuesto cultural universal y, por otra, defiende la esclavitud sexual dentro de la familia".

Desde finales del siglo XVIII y, sobre todo, a lo largo de los siglos XIX y XX, diferentes pensadoras y activistas[11] comenzaron a interpelar las leyes de matrimonio que infantilizaban a las mujeres. En cuanto al *derecho conyugal* de acceso sexual a la esposa, no será hasta épocas más recientes cuando se tome en consideración por parte de algunos sistemas de justicia y se aborde la violación dentro del matrimonio como un delito[12]. No obstante, el mandato de la satisfacción sexual del marido, sin importar el deseo de las mujeres, sigue muy presente en la representación social de lo que significa el matrimonio. Y podemos decir que más allá del matrimonio, en las relaciones de

---

instituciones patriarcales: el matrimonio y la prostitución. Este pacto entre hombres se constituye sobre estas dos instituciones complementarias que garantizan el acceso sexual al cuerpo de las mujeres separándolas entre aquellas que son de uso colectivo por todos los varones y aquellas que son de uso individual y exclusivo de un solo varón.

11. Pensadoras y activistas como Lucretia Mott, Elizabeth Cady Stanton, Lucy Stone o Harriet Taylor Mill, por citar algunas, fueron muy críticas con las leyes del matrimonio tanto en Estados Unidos como en Reino Unido a lo largo del siglo XIX.

12. El Convenio del Consejo de Europa sobre prevención y lucha contra la violencia contra la mujer y la violencia doméstica de 2011, conocido como el Convenio de Estambul, dentro del artículo en el que aborda la violencia sexual hace alusión específica a que los delitos de violencia sexual recogidos en el texto se apliquen también cuando se cometan contra la cónyuge o pareja de hecho.

pareja heterosexuales en general, muchos hombres continúan presionando —de formas explícitas o sutiles— a sus parejas para mantener relaciones sexuales aunque ellas hayan manifestado que no lo desean en ese momento.

Además de todo esto, el *pater familias* ha estado vinculado también a la idea del *padre ausente*, íntimamente relacionado con la figura del *breadwinner* que describíamos anteriormente. Sobre los hombres recaía la responsabilidad principal de proveer a la unidad familiar de sustento y esto parecía descargarles de las demás responsabilidades de las tareas reproductivas.

El trabajo reproductivo —todo aquello que englobamos bajo el paraguas de *los cuidados*— recaía y sigue recayendo fundamentalmente sobre los hombros de ellas. Aunque cada vez hay más hombres que se implican en las tareas reproductivas, el desequilibrio es evidente y, a nivel general, siguen desplazando la responsabilidad hacia las mujeres. Estas se ocupan en mayor medida de las tareas domésticas más explícitas como cocinar, limpiar y cuidar a hijas e hijos y personas dependientes; así como de las tareas aún más invisibles, como la organización y gestión de los hogares, que suponen una sobrecarga psicológica y emocional, es decir, la *carga mental* adicional que soportan con los riesgos y consecuencias para su salud.

Inés Alberdi se acercaba en 1977 a la crisis de la familia preguntándose si era el fin de esta. No obstante, no se trataba del fin sino de la crisis de un modelo familiar concreto. Es indudable que en las últimas décadas se han experimentado cambios familiares reseñables: la democratización de la toma de decisiones dentro de algunos núcleos familiares, la irrupción de otros modelos de familia, el descenso de la nupcialidad, los cambios en las formas de matrimonio y emparejamiento, la emancipación tardía de la juventud, el retraso de la edad de maternidad, el descenso de la natalidad, la opción de no tener hijos, y el aumento de la tasa de separaciones y divorcios.

Con los avances del feminismo, los mandatos de género se han flexibilizado para muchas mujeres, que han ganado autonomía y poder de decisión sobre sus propias vidas. Laura Nuño

(2010) señala que hay que tener en cuenta que se ha producido una ruptura parcial de la división sexual del trabajo que ha transformado no solo la subjetividad femenina, sino también el propio concepto de familia. Contraer matrimonio o formar una familia siguiendo patrones patriarcales ya no forma parte del proyecto de vida de un número en aumento de mujeres. El rol de la *buena esposa*, del *ángel del hogar* que tan claramente describía Betty Friedan en *La mística de la feminidad* (1963) y que tantos malestares —que no tenían nombre— generaban en las mujeres, se ha resquebrajado en muchos sentidos.

EL RELATO DE LAS VIOLENCIAS CONTRA SÍ Y LOS OTROS/AS

La función *protectora* de la masculinidad se vincula con el rol del guerrero que tradicionalmente ha protegido a los suyos mediante el uso de la violencia. Esta función conecta con la demostración de poder usar la fuerza contra sí mismos y contra los otros y otras humanas, animales, hábitats y objetos. Esto es, la función protectora es más bien una función destructora. Como explica Subirats (2020), las sociedades contemporáneas no necesitan guerreros en la misma media que en épocas previas caracterizadas por el belicismo. El guerrero es una figura vacía y, sin embargo, la violencia sigue teniendo ese significado simbólico y material como herramienta para mantener el poder y de demostración de la masculinidad frente a todos aquellos que se considere que la amenazan.

Para entender el entramado que configura la identidad masculina hegemónica y su relación con la violencia, incorporamos al análisis de la masculinidad lo que Segato (2016) denomina la *pedagogía de la crueldad*, esto es, cómo la socialización masculina está atravesada por la normalización de la crueldad y la brutalidad, a través de la anulación de la empatía hacia los otros y otras. Myriam Miedzian (1995: 66) expone que se "enseña a los hombres a ser duros, a reprimir la empatía y a no permitir que las preocupaciones morales pesen demasiado cuando el objetivo es la victoria". La empatía y las emociones vinculadas a la afectividad han de reprimirse para encarnar la masculinidad hegemónica. La expresión de esas emociones está vetada con la salvedad de aquellas que se permiten ser expresadas —y son exaltadas como demostración de la hombría—, como la ira o el enfado (hooks, 2004), siendo clave su materialización a través de la violencia sobre otros y otras en el devenir de la masculinidad. De esta manera, el modelo normativo de masculinidad se produce imbricado en la violencia como herramienta para mantener el poder sobre otros hombres y sobre las *otras*, mujeres.

El ejercicio o la amenaza de ejercer violencia es una forma de representar y espectacularizar la masculinidad. Es decir, la violencia es ejercida en la búsqueda de reconocimiento de la hombría. La posibilidad de ejercer violencia es una característica asignada a los hombres y se naturaliza como si se tratase de un elemento esencial de los cuerpos leídos como masculinos. Podría establecerse un paralelismo entre la definición clásica de Estado de Max Weber y el uso de la violencia por parte de los hombres: al igual que el Estado se precisa a través de ostentar el uso legítimo de la violencia, podemos decir que, en las sociedades patriarcales, la masculinidad se define a través de esa misma *legitimidad* en el uso de la violencia.

Ante los cambios sociales, las redefiniciones y adaptaciones de la masculinidad se han desarrollado de tal manera que los varones no renuncien a su hegemonía dentro de la estructura social. Como afirma George Mosse (2000: 15), en épocas de crisis o incertidumbre "la masculinidad cumplía su tarea de reforzar la sociedad normativa contra aquellos que supuestamente querían destruir su tejido". La masculinidad sirve como elemento estabilizador de las sociedades en determinadas épocas de crisis o de debilidad político-económica. Buenos ejemplos de esto son el fascismo y el nazismo, donde se exalta la idea del superhombre ario y fuerte, y del héroe nacional ligado al militarismo. El cuerpo masculino encarna los valores nacionales y será el salvador de la patria frente a los enemigos de esta, como serían los judíos, los homosexuales, los gitanos, etc. En épocas de incertidumbre, la masculinidad se repliega sobre el cuerpo en la búsqueda de certezas y estabilidad (Sanfélix, 2018).

John Beynon (2002) propone otro ejemplo: se refiere a Estados Unidos en los años ochenta para explicar cómo la elección de Ronald Reagan —que representa el nuevo paradigma neoliberal— sirve también para hacer frente al debilitamiento que había sufrido la masculinidad ligada a la fuerza y la dureza. La masculinidad normativa había sido cuestionada por el movimiento feminista, por el movimiento antibelicista y la contracultura *hippie*, así como por la propia derrota en la guerra de Vietnam. En dicha época una parte de la industria cinematográfica de Hollywood crea películas con narrativas que promueven la épica militarista donde emergen figuras hipermasculinas como Rambo. Estos elementos enlazan con la idea que explica que, ante la desestabilización de algunos de los valores sobre los que se sostenía la masculinidad, la violencia aparezca como escenario de reafirmación de la misma.

Hilando con la figura de Rambo y otros héroes bélicos hay que destacar que la épica de combate y el militarismo son exaltados en los relatos culturales y esto impregna la socialización masculina en un contínuum que va desde los propios juguetes infantiles hasta la interiorización de la utilización de la violencia como forma de gestión de conflictos.

En la actualidad, el marco militarista se sigue desarrollando en la transformación del viejo héroe de guerra en los superhéroes modernos, así como en la multiplicación de videojuegos con contenido fuertemente cruento. Además, entre los principales juguetes dirigidos a los niños seguimos encontrando simulacros de armas de fuego.

Con todo esto, el camino de mostrarse como hombre implica ser capaz de infligir dolor y, al mismo tiempo, ser capaz de soportarlo (Godelier, 1986). La violencia se ejerce hacia otros hombres, mujeres y niños —así como hacia animales no humanos y el medio ambiente—, pero también contra sí mismos.

En cuanto a esta, los mandatos de la masculinidad hegemónica implican la exposición a conductas autodestructivas. Para mostrarlas, es necesario poner de relieve la vinculación que existe entre masculinidad y suicidio, ya que la tasa de suicidios masculina es significativamente mayor que la femenina. En 2018 en España el 74% de los suicidios fueron masculinos[13]. Entre las distintas causas de suicidio entre los hombres se estima que se encuentra el no poder cumplir con algunos mandatos de la masculinidad y tener mayores dificultades para pedir ayuda o para mostrar determinadas emociones (Rosado *et al.*, 2014) que son asociadas con la debilidad. El modelo hegemónico de masculinidad sanciona la posibilidad de mostrar vulnerabilidad.

Asimismo, el relato de la violencia masculina contra las *otras* y los *otros* adquiere magnitudes grotescas. Así lo muestran las diferentes violencias, entre las que podemos destacar las siguientes:

- *El género de la mayoría de los homicidas y personas condenadas por delitos que implican algún tipo de violencia.* Según la Oficina de las Naciones Unidas contra la Droga y el Delito (UNODC, 2019), en torno al 90% de las personas que habrían cometido homicidio son hombres. Estos homicidas asesinan de forma mayoritaria a otros hombres —en 2019 suponían el 81% de las víctimas— y a mujeres —que suponen el 19%—. Hay motivos suficientes para afirmar que la violencia es un asunto íntimamente vinculado al modelo de socialización masculina.
- *Las violencias contra las mujeres tienen una función instrumental, ya que su objetivo es el mantenimiento de las relaciones de género en términos de desigualdad.* Las violencias machistas se manifiestan de diferentes maneras, más sutiles o explícitas, interconectadas como la base del patriarcado. Liz Kelly (1988) acuñó el concepto de *contínuum de violencias* que sufren las mujeres por parte de

---

13. Datos del Observatorio del Suicidio en España.

los hombres para conectar las distintas tipologías de violencias físicas, psicológica, sexual, económica, social, simbólica, institucional... La idea del *contínuum* nos permite visibilizar las violencias machistas como un fenómeno estructural, violencias que mantienen un modelo determinado de masculinidad que se resiste a avanzar hacia relaciones de género en un plano de igualdad. Según la última Macroencuesta de Violencia contra la Mujer elaborada en España en 2019, 1 de cada 2 mujeres —lo que supone el 57,3%— residentes en España de 16 años o más ha sufrido violencia en algún momento de su vida por ser mujer.

- *Violencia contra menores, entre la que destaca el tabú del abuso sexual, que es cometido fundamentalmente por hombres adultos, en muchas ocasiones del entorno familiar de los propios menores.* Esta violencia masculina es una de las más invisibles y los datos de condenas de abusos sexuales solo reflejan una pequeña parte de esta realidad porque en multitud de casos no hay denuncia ni proceso judicial contra los agresores. No obstante, las cifras del Instituto Nacional de Estadística sobre las condenas por abusos y agresiones sexuales a menores de 16 años confirman que se trata de una de las caras más cruentas de la masculinidad: en 2019, 241 hombres fueron condenados por estos delitos (y tan solo 4 mujeres).

- *Impacto en los animales y el hábitat.* En el caso de la violencia contra los animales, la caza aparece como un ritual grupal masculino y masculinizante en el que se combina la confraternización con la producción de sufrimiento como entretenimiento. Además, este ritual permite utilizar armas de fuego dentro de la legalidad en países como España, a diferencia, por ejemplo, de Estados Unidos, donde las licencias y el uso de armas está muchísimo más extendido y la sociedad se enfrenta a un problema realmente grave ante la alta tasa de homicidios cometidos con armas de fuego.

CAPÍTULO 4

ESCENARIOS DE (RE)CONSTRUCCIÓN SUBJETIVA Y BÚSQUEDA DE CERTEZAS EN LA ERA DE LA INCERTIDUMBRE

> "Ser varón en la sociedad patriarcal, es ser importante."
>
> JOSEP VICENT MARQUÉS

En este periodo de incertidumbres en el que se están resquebrajando algunos de los pilares que sostenían la masculinidad hegemónica, o bien se encuentran en un estado previo a su demolición, vamos vislumbrando tímidas expresiones de alternativas al modelo hegemónico, aunque también se observa con contundencia cómo la masculinidad trata de recomponerse para mantener su posición jerárquica en la sociedad. Para ello, viejos y nuevos escenarios permiten la reconfiguración de la masculinidad hegemónica o, al menos, la búsqueda de certezas respecto a su virilidad herida.

En las siguientes páginas hemos tratado de estructurar la argumentación que se presenta; no obstante, los apartados no han de entenderse como compartimentos estancos sino como elementos interconectados, ya que la quiebra de algunos de los pilares sobre los que se sostiene la masculinidad no se produce de forma separada, sino que todo está imbricado en el proceso de transformaciones y cambios sociales. No son todos los escenarios posibles, pero hemos recogido los suficientes para elaborar una fotografía (parcial) de los mecanismos de la masculinidad hegemónica que actualmente hace esfuerzos por reubicarse y buscar certezas y huecos de resistencia frente al cambio social.

HOMBRES BLANCOS ENFADADOS: EL RUGIR MASCULINISTA DE LA EXTREMA DERECHA

En su libro *Hombres blancos enfadados*, el sociólogo Michael Kimmel (2013) hace un recorrido por el fenómeno que llevaba tiempo gestándose en su país, Estados Unidos, y que, teniendo en cuenta las singularidades del contexto, guarda similitudes con otros lugares en los que la extrema derecha va ganando terreno y adeptos entre ciertos sectores de la población, fundamentalmente hombres blancos. Estos, con el resentimiento de quien se siente *agraviado*, comienzan a identificarse con la narrativa de una extrema derecha que señala como responsables a mujeres, migrantes, personas negras, LGTBI, etc., de la *devaluada* situación en la que ellos se encuentran.

Kimmel explica que dicha autopercepción se enraíza en el victimismo que genera odio (y cierta envidia) hacia los que son considerados *otros*, en una estrategia que persigue que estos *sujetos heridos* se sientan identificados y reconfortados en tal relato. Los *hombres blancos enfadados* responden así al resquebrajamiento creciente del poder de los hombres, entre otras cosas, porque quiebra el rol tradicional de proveedor. En el sentimiento de privación que experimentan no se señala a las estructuras de poder (o élites), sino más bien a quienes están por debajo o enfrente de ellos, a todo aquel que entra en la categoría de *otro* y que es identificado como culpable del deterioro del *american way of life*. Además, en periodos de incertidumbre generalizada, como el que estamos viviendo derivado de las diferentes crisis —entre las que se encuentra la actual provocada por la pandemia de COVID-19—, nos situamos en un panorama donde parece fácil construir una narrativa que venda al público la idea de la desaparición de la masculinidad hegemónica y de los valores tradicionales que representa. Las grandes estructuras de poder siguen siendo masculinas (y blancas), pero se difunde el relato de la amenaza a la masculinidad hegemónica y tradicional frente al avance en derechos y libertades de las mujeres, las personas LGTBI, las personas negras, las indígenas, las migradas... Se trata de la vieja política del *chivo expiatorio*, que construye discursos de odio hacia sectores de población en situación de mayor desventaja.

El victimismo que, como sostiene Kimmel, tradicionalmente había sido visto como algo femenino asociado a la debilidad, ahora se masculiniza entre los hombres blancos enfadados, que sitúan la masculinidad en un estadio de perpetua amenaza provocada por esos *otros*. El asalto al Capitolio el pasado 6 de enero de este año, 2021, entronca con la expansión de los discursos de odio de estos hombres blancos enfadados, con una espectacularización y una escenificación esperpéntica de la masculinidad violenta.

En el caso de España, la extrema derecha se articula con ciertas similitudes al caso que explica Kimmel en Estados Unidos, pues todos estos movimientos forman parte de lo que Juan José Tamayo (2020) ha llamado *la Internacional del odio*; esto es, la articulación de la extrema derecha es transnacional, como lo son los flujos económicos sobre los que se sostiene y que la amparan. La Internacional del odio se expande y, entre sus objetivos de restitución del *orden*, los derechos de las mujeres siempre se sitúan en el punto de mira. Por ejemplo, no es extraño que el Gobierno de extrema derecha de Polonia tenga entre sus objetivos la prohibición del aborto, o que Turquía acabe de tomar la decisión de abandonar el Convenio del Consejo de Europa sobre prevención y lucha contra la violencia contra las mujeres y la violencia doméstica, conocido como *Convenio de Estambul*. Tampoco es casualidad que en España prolifere todo un entramado negacionista de la violencia de género o que se haya criminalizado con tanta virulencia al movimiento feminista por las manifestaciones del 8-M antes de que se decretara el estado de alarma por la pandemia.

Todo esto entronca con lo que la periodista Susan Faludi denominó *la reacción patriarcal*, que alude en concreto al proceso de rearme y ofensiva patriarcal sufrido en Estados Unidos tras las movilizaciones feministas del Movimiento de Liberación de las Mujeres (MLF)[14] de los años sesenta y setenta, que adquirió un claro potencial emancipador y consiguió organizar a un número significativo de mujeres. Así pues, a medida que el feminismo gana espacio y muestra su fuerza, por contrapartida, el conservadurismo se reorganiza para contraatacar ante cualquier mínima posibilidad de quiebra del *statu quo*. Faludi (1993: 21) señalaba que "la reacción antifeminista no se desencadenó porque las mujeres hubieran conseguido plena igualdad con los hombres, sino porque parecía posible que llegaran a conseguirla. Es un golpe anticipado que detiene a las mujeres mucho antes de que lleguen a la meta". La reacción aparece como una contraofensiva al despertar de la conciencia feminista, cada vez en más mujeres, y adquiere mayor fuerza cuando las movilizaciones han sido masivas y se han conseguido pequeños logros; mucho antes de que se puedan desequilibrar de una manera radical las estructuras de poder patriarcal. Para conservar la hegemonía cultural, política, económica y social, los centinelas del patriarcado utilizan violencias explícitas, pero también sutiles a través de la construcción de relatos culturales que exaltan valores normativos de la masculinidad y de la feminidad para resituar a las mujeres en su posición de subalternidad, tratando así de restituir la masculinidad en términos de dominio.

En el contexto contemporáneo de la cuarta ola del feminismo, la expresividad de la reacción se materializa en el crecimiento de las cuotas de legitimidad de la extrema derecha, que focaliza gran parte de sus energías en construir discursos antifeministas que cuestionan sistemáticamente los derechos de las mujeres. Para muchos hombres los avances del feminismo son experimentados desde ese sentimiento de agravio ante la pérdida de derechos percibidos como legítimamente adquiridos desde su nacimiento como sujetos masculinos.

---

14. Convertido en un movimiento de masas, como también lo sería el movimiento sufragista décadas antes.

El rugir masculinista de la extrema derecha concentra una buena parte de este odio contra las mujeres, y construye un discurso con potencial de seducción para los hombres blancos enfadados, que se sienten reconfortados en la épica batalla por la recuperación del estatus agraviado. El populismo neofascista exalta la emoción en torno a un *nosotros* que expresa algo grandioso de lo que se puede formar parte. Militar en grupos de extrema derecha, secundar a un partido con esta ideología o identificarse con su discurso hace reconectar a estos individuos con el sentido de pertenencia al grupo de los *auténticos hombres* que se defienden y contraatacan la continua amenaza de lo diferente.

Y aunque también haya mujeres blancas enfadadas que votan a la extrema derecha —y que incluso pueden liderarla, como Marine Le Pen—, existe una brecha de género en el voto hacia estos partidos: las mujeres tienen en torno a un 39% menos de probabilidades de inclinar su voto hacia las fuerzas ultrarreaccionarias (Immerzeel *et al.*, 2015).

CIBERVIOLENCIAS: *NOT ALL MEN*, *TROLLS* Y OTRAS ESPECIES

La tecnología no es neutra, sino que está imbricada en lo social, de manera que en el espacio *online* también se reproducen las dinámicas de poder *offline*. El patriarcado se virtualiza a través de los propios sujetos convertidos en usuarios de las distintas plataformas y redes; así como de los algoritmos, que reproducen también los valores machistas preexistentes.

Si realizamos un acercamiento a las redes sociales desde la etnografía virtual que propone el análisis de los grupos sociales a través de su participación en internet (Hine, 2004), ¿qué observamos? Por un lado, hemos de destacar el potencial de las redes sociales para el movimiento feminista, que ha convertido el *ciberfeminismo* en una característica vital de la cuarta ola, ya que ha contribuido a movilizar e intercambiar información de forma instantánea entre las propias activistas. A través de las redes sociales se han constituido comunidades virtuales transfronterizas capaces de articular respuestas, mostrar sororidad desde los diferentes contextos locales y generar intercambios que nutren y enriquecen al propio movimiento ante la reacción patriarcal, que tiene una magnitud global. La lucha feminista ya no se entiende sin los *hashtags* que nos permiten difundir eventos y mensajes de denuncia en redes: #NiUnaMenos, #MeToo, #YoSíTeCreo, #Cuéntalo, #8M y un largo etcétera. Los *hashtags* o etiquetas forman parte de la narrativa contemporánea de diferentes movimientos sociales, no solo el feminismo, puesto que tampoco se entenderían las luchas antirracistas sin el #BlackLivesMatter, que condensa la rabia y la opresión compartida.

Por otro lado, en el plano negativo, se observa la ocupación de las redes por parte de conductas de resituación de la masculinidad hegemónica, así como de las lógicas de polarización y violencia que parecen haberse instalado tanto en los contextos digitales como fuera de ellos. El contexto virtual y, en concreto, si miramos a las redes sociales, vuelven a ser espacios de inseguridad para las mujeres. De ahí que se haga hincapié en la interconexión entre nuestra vida *online* y *offline*, porque el miedo y la inseguridad a la violencia machista se establece como un contínuum entre ambas.

Diferentes estudios muestran que la *ciberviolencia* es una constante para muchas mujeres y niñas. Se estima que una de cada diez mujeres ya ha sufrido algún tipo de ciberviolencia desde los 15 años (EIGE, 2017). Ciberviolencias que adquieren diferentes formas: ciberacoso (*ciberstalking* o *ciberbullying*), cibercontrol, sextorsión, *sexting* sin consentimiento, *flaming*... Estas violencias pueden llevarse a cabo tanto por hombres desconocidos como por hombres conocidos; en muchas ocasiones, como una extensión e intimidación dentro del resto de violencias que ejecutan contra esa mujer o niña concreta.

El sentimiento de impunidad que dan las redes sociales magnifica la confianza de los agresores en su poder. Esto tiene que ver con el anonimato en el que se amparan muchos de los perfiles de los agresores, pero también porque en muchos Estados la cuestión de la ciberviolencia aún no ha sido abordada de una forma concisa a fin de proteger a las víctimas de estos ataques.

Las ciberviolencias son una extensión más de las políticas del miedo patriarcales. En el caso de las ciberviolencias contra las mujeres con perfiles públicos o activistas, siguen la estrategia del silenciamiento femenino. El espacio público virtual aparece también como otro escenario propiedad de los hombres, como si las mujeres estuviéramos "invadiendo" un territorio que no es nuestro, encargándose de recordárnoslo de diferentes maneras: desde el reiterativo *not all men*, el envío de una *fotopolla* o el uso del término *feminazi*, hasta el acoso o la amenaza sistemática. El carácter misógino de la cultura digital se observa de una forma muy clara en la subcultura *troll*, que promueve el troleo de género como reacción antifeminista en espacios como las redes sociales. Recientemente, en el Estado español, comunicadoras como Cristina Fallarás e Irantzu Varela, entre otras muchas, lanzaron una campaña contra el hostigamiento sistemático que sufren en redes y que en algunos casos toma la forma de violencia física en "el mundo real". Este es el "castigo" que intenta devolver a las mujeres a lugares periféricos dentro del espacio público.

Respecto al acoso o troleo de género es interesante revisar el modelo de masculinidad que va aparejado a esta cultura digital. Alicia Villar-Aguilés y Juan Pecourt (2021: 34), tras recopilar el trabajo propio y el de otras especialistas en la materia, exponen que las primeras comunidades de *hackers* combinaban un modelo de masculinidad hegemónica y de *masculinidad fracasada*. Esto es, de un lado, se trataba de hombres con la visión del ciberespacio como un territorio de conquista o con una visión de rivalidad y competencia constante también en el ámbito digital. Y, de otro, aludían a la masculinidad fracasada porque se presenta a los hombres con perfil tecnológico como incapaces de integrarse en la sociedad y de relacionarse con las mujeres, en lo que forma parte del estilo de vida *geek* o friki.

Así, "la tensión entre masculinidad dominante y fracasada condiciona su interacción problemática con las mujeres, y es un fermento de misoginia". El estilo caracterizado como *geek*, en ocasiones, utilizaría la misoginia virtual para resituar su masculinidad frente a las mujeres, es decir, expresa una masculinidad fracasada que desea acercarse al modelo hegemónico. No obstante, con la generalización del uso de las tecnologías e internet, la figura del hombre *geek* se ha visto desbordada y ahora son también varones, que no encajan en ese perfil, quienes trolean y acosan a mujeres en internet.

Mirando el lugar que ocupan las mujeres en cualquier parte del entramado tecnológico, como ejemplo paradigmático podemos observar la situación de las mujeres *gamers*. El ámbito del videojuego vuelve a aparecer como un entorno masculino y masculinizante en el que la presencia de mujeres, en muchas ocasiones, es vivida como una amenaza. Las mujeres *gamers* tienden a ser infravaloradas, ridiculizadas o sexualizadas por las comunidades de jugadores. El nivel de machismo y violencia llegó a su momento más dramático cuando en 2017 las organizadoras del Gaming Ladies se vieron forzadas a cancelar el encuentro no-mixto organizado en Barcelona porque, tras una campaña de hostigamiento y amenazas por parte de ingentes turbas de hombres *gamers*, no se podía garantizar la seguridad de las asistentes. A pesar de esto, las jugadoras y programadoras de videojuegos continúan apropiándose del espacio que les pertenece y, según la Asociación Española de Videojuegos, el 42% de los videojugadores son mujeres.

Además, la subcultura *troll* también está relacionada con el desarrollo de comunidades virtuales masculinas en espacios como los foros o plataformas de internet donde, entre otras acciones, los usuarios organizan ciberataques a mujeres. Estos foros y plataformas se constituyen como espacios de confraternización y hermanamiento masculino mediante la organización de prácticas de ciberviolencia de género.

Kristie Blevins y Thomas Holt (2009) hacen hincapié en la importancia de los foros que crean subculturas virtuales, analizando, en concreto, el caso de los *foros de puteros*. En internet encontramos diferentes espacios en los que los hombres que demandan prostitución intercambian experiencias y opiniones sobre las mujeres prostituidas. En el caso de los puteros, al formar parte de una población oculta y anónima, la importancia actual de internet se muestra no solo como herramienta para conectar con las mujeres en prostitución, sino como lugar de encuentro con otros hombres. Antes, los demandantes de prostitución no tenían espacios abiertos en los que comunicarse desde el anonimato; sin embargo, internet ha facilitado la creación de esas comunidades virtuales masculinas. Por ejemplo, para los puteros que acuden solos, las comunidades virtuales se constituyen como el grupo de hombres que da sentido un sentido colectivo a su experiencia. Es decir, incluso cuando acuden solos, la experiencia es resignificada como grupal cuando se comparte con la comunidad fraternal *online*. Al compartir experiencias, opiniones, percepciones, etc., se reconfigura la identidad del grupo masculino y, por tanto, estas comunidades virtuales son también espacios de confraternización. Estos foros han contribuido a reforzar elementos preexistentes *offline* en la prostitución tales como la percepción de las mujeres como objetos de consumo evaluables, de modo similar a como se puntúan otros productos en otras páginas de internet; y de otro lado, la confraternización masculina en comunidades virtuales basadas en el reconocimiento recíproco mediante la importancia que adquieren sus experiencias.

HERMANAMIENTO CRUENTO EN LA VIOLENCIA SEXUAL GRUPAL

Existen diversos rituales que sirven a los varones para reconocerse mutuamente en sus estatus de hombría: nos encontramos desde conductas que aparecen revestidas de inocencia y diversión, como las novatadas en las universidades, a otras más brutales como el maltrato animal, que adquiere su máxima expresión de ritual colectivo en la caza, así como acudir a la prostitución en grupo, o el rito al que prestaremos especial interés a continuación: la *violencia sexual grupal*.

Hay casos que marcan un antes y un después, que se erigen como puntos de inflexión en la toma de conciencia tanto individual como colectiva en algunos sectores de la sociedad respecto a los distintos tipos de violencias contra las mujeres. En España, el caso de Ana Orantes fue el que puso en el foco la violencia de género dentro de la pareja y expareja. En cuanto a la violencia sexual, ha sido el caso de La Manada. Además, la *performance* "Un violador en tu camino", creada por Las Tesis en Chile y reproducida por tantísimos grupos de mujeres en multitud de lugares, nos indica no solo la magnitud de la cuarta ola del feminismo, sino cómo la violencia sexual constituye un pilar sistémico del patriarcado que sigue gozando de altas cuotas de impunidad en muchas partes del planeta. Por esta razón es capaz de movilizar a tantas mujeres de contextos tan diferentes.

El temor a sufrir violencia sexual es un elemento clave en la socialización de las mujeres, especialmente la violación. La construcción de la identidad femenina está atravesada por el miedo, que nos obliga a ubicarnos en lugares muy diferentes respecto a los hombres en la cotidianidad. Así, el día a día de las mujeres tiende a estar condicionado por experiencias de autoprotección, como evitar determinadas calles, llevar las llaves en la mano, fingir que se está hablando por teléfono... Todo ello influye en la vida cotidiana y la subjetividad de las mujeres de una forma que los hombres no experimentan.

Dentro de ese miedo de las mujeres a sufrir violencia por parte de los hombres podemos decir que la violencia sexual resulta paradigmática, ya que tiene que ver con el tipo de dominación que definía Kate Millett en *Política sexual* (1969). En esa época, las feministas radicales comenzaron a situar en el centro de su agenda la violación como un asunto político; no como casos aislados, sino como hechos sistémicos que forman parte de una estructura de dominación. Susan Brownmiller (1975) lo exponía así:

La violación es un proceso consciente de intimidación, mediante el cual todos los hombres mantienen a todas las mujeres en situación de miedo. Un mundo sin violadores sería un mundo en el cual las mujeres se moverían libremente, sin temor a los hombres. El hecho de que algunos hombres violen significa una amenaza suficiente como para mantener a las mujeres en un permanente estado de intimidación.

Para romper la política del terror sexual es imprescindible abordar la masculinidad. Porque tiene que ver con la manera en la que se definen aprendizajes que vinculan la sexualidad masculina con la violencia, en un amplio espectro de mensajes: la ausencia de reconocimiento y empatía hacia el deseo de las propias mujeres; la primacía de la satisfacción del deseo masculino; la erotización de la ausencia de consentimiento y de deseo por parte de las mujeres; la negación de la autonomía sexual de estas; infinidad de mensajes en torno al "cuando dicen no, están queriendo decir sí"; o la violencia sexual como castigo hacia las mujeres y que, por tanto, tienen que ver con la expresión de un placer sádico (como en los casos en los que se utiliza en contextos bélicos como arma de guerra; o para "castigar" a las mujeres lesbianas). La *cultura de la violación*[15] impregna la socialización masculina hegemónica con un imaginario sexual que se aleja de relaciones sexuales libres y basadas en un mutuo reconocimiento de la subjetividad (sexual) de cada una de las partes.

Si tenemos en cuenta el elemento grupal de estas violencias, la organización feminista Feminicidio.net[16] lleva recabando información sobre las agresiones sexuales grupales en España desde 2016, y los datos no dejan lugar a dudas acerca de la magnitud de un problema creciente: 20 casos en 2016, 13 en 2017, 65 en 2018 y 86 en 2019.

Hay que destacar que las violaciones grupales están también conectadas con la búsqueda de la exaltación y la expresividad de la masculinidad (Segato, 2016). Así, el cuerpo-objeto de

---

15. La cultura de la violación hace referencia a todos los mensajes culturales, valores y creencias que normalizan, justifican y restan importancia a la violencia sexual.
16. Datos disponibles en www.geoviolenciasexual.com

las mujeres se convierte en un instrumento para la expresión y comunicación del estatus de masculinidad hegemónica entre varones. Es decir, agredir sexualmente a una mujer entre varios hombres produciría en ellos un deseo sexual y excitación compartidos, donde el cuerpo femenino violentado no sería más que un elemento para reforzar el vínculo grupal masculino. De esta forma, a través de la violencia sexual el cuerpo de las mujeres se convierte en un mediador simbólico entre los hombres (Szil, 2004; Cobo, 2017). Se exalta de forma colectiva la deshumanización, la humillación y denigración de las mujeres.

Finalmente, para analizar la violencia sexual grupal, se han de retomar las tesis de René Girard (1983), ya que la mujer agredida es una *víctima propiciatoria* en el ritual de la masculinidad. Girard sostiene que, cuando alguna comunidad entra en crisis, se incrementa la violencia y aparecen ritos que, a través de *víctimas propiciatorias*, sirven para unir al grupo y tratar de restablecer el orden. Esto es, se violenta a mujeres como víctimas propiciatorias en el ritual grupal de la masculinidad cruenta que aspira a reconstruir el orden de género en términos patriarcales.

IR DE PUTAS: RECONSTRUCCIÓN SUBJETIVA EN LOS ESPACIOS DE PROSTITUCIÓN

En el imaginario colectivo, hablar de prostitución es hablar de mujeres. Sin embargo, urge cambiar el enfoque para abordar la cuestión de la demanda, que es en la inmensa mayoría de los casos masculina. Según los datos disponibles en España, el 99,7% de quienes pagan por sexo son hombres. Y, a nivel general, el 32% de los hombres lo habría hecho alguna vez en su vida, frente solo al 0,1% de las mujeres (CIS, 2009)[17]. Respecto

---

17. No contamos con datos al respecto desde 2009 y, por tanto, estos porcentajes pueden estar desactualizados. La magnitud de la industria de la explotación sexual en nuestro país podría ser un indicador útil para afirmar que este porcentaje puede haberse visto incrementado.

a los hombres jóvenes, la última encuesta del Informe de Juventud en España 2020 indica que un 10% de los hombres jóvenes (de entre 15 y 29 años) ha pagado por prostitución.

En este contexto de desestabilización de algunos de los pilares de la masculinidad, hay viejos espacios que se reconfiguran y se resignifican como escenarios para representar la masculinidad ganando poder simbólico. Los espacios de prostitución se convierten en *refugios* de la masculinidad o espacios vetados a la interpelación feminista hacia las prácticas de desigualdad reproducidas por los hombres (Gimeno, 2012). Rosa Cobo (2017: 29) argumenta que, frente a la fractura subjetiva masculina ante la quiebra de estos roles *tradicionales*, los hombres encuentran en los espacios de prostitución un "lugar de reparación" frente a ese sentimiento de agravio.

Así, en momentos de tensión donde el modelo de masculinidad hegemónica es impugnado y desestabilizado, la prostitución viene a significarse como una situación que permite que esta masculinidad sea representada sin crítica. Las mujeres prostituidas emulan un modelo de feminidad que los puteros perciben como cada vez más complicado de encontrar fuera de los espacios de prostitución: una *performance* de feminidad complaciente que continúa ubicando al hombre en el centro del escenario. Es decir, el hombre elige, selecciona a la mujer, y ella complace el deseo de este en tanto superior. No se trataría únicamente de un deseo sexual, porque lo que se compra no es solo un *servicio sexual*, sino que se paga por un modelo concreto de feminidad, teatralizado por las mujeres prostituidas. Son espacios percibidos como lugares donde las mujeres serían *realmente mujeres* y los hombres *realmente hombres* (Marttila, 2008).

Dado que el género es construido en relación y para mantener los valores de la masculinidad hegemónica, es necesario también mantener la feminidad enfatizada o hiperfeminidad, aunque sea ficticia. Es decir, para reconocerse y ser reconocidos como hombres, algunos varones encuentran en la prostitución el escenario en el que, al pagar por tener sexo con una mujer, se satisface una especie de anhelo de *auténtica* —ficticia— feminidad, que reúne algunos de los valores normativos tales como la complacencia y satisfacción del hombre, la disponibilidad de acceso sexual, el reconocimiento, la escucha y comprensión, el disfrute de ser objeto de deseo ante la mirada masculina, la aceptación e incluso la representación de pleno consentimiento a la situación de subalternidad en la que se encuentran frente a los hombres. Todo ello ha de ser representado a través de la *performance de la prostituta*, como un simulacro que se hace prácticamente imprescindible para la completa satisfacción del cliente; tanto es así, que en los casos en los que esta teatralización de la complacencia no se produce, algunos consumidores lo califican de "mala experiencia" (Ranea, 2019).

Por todo esto, la prostitución puede ser interpretada como una institución paradigmática en la reproducción del binarismo de género y de la heteronormatividad, a través de la ficción de hiperfeminidad que necesita la masculinidad hegemónica para reafirmarse. En otras palabras, la masculinidad hegemónica necesita de espacios donde encontrar valores de la hiperfeminidad para definirse y perpetuarse buscando reconstruir el orden de género en términos patriarcales.

Así, la demanda de prostitución proyecta sobre las mujeres prostituidas diferentes mandatos de la feminidad, donde aparecen como mujeres-cuerpo para suplir las *necesidades* de los hombres, mientras los puteros proyectan mandatos de hiperfeminidad sobre las mujeres, que cumplen de forma paradigmática y por un precio determinado con el ideal femenino normativo del *ser-para-los-otros* (Lagarde, 2000). De esta forma, en prostitución se observa de una manera clara que la norma femenina se centra en la complacencia de los otros. En este sentido, Jean Baudrillard afirmaba que a nivel social se representa a "[l]a Mujer como modelo colectivo y cultural de complacencia" (Baudrillard, 2009: 107). De esta forma, en muchos casos no se trata solo de su satisfacción de deseo sexual, sino que también puede representarse a la prostituta como "cuidadora emocional" de los hombres, o como oyente de los problemas de estos. Aparece la feminidad basada en complacer a los hombres también mediante la escucha de sus relatos, mientras las mujeres no tienen esa misma posibilidad porque ellas no pueden mostrar su humanidad; esta se oculta bajo la *performance* de la hiperfeminidad que representan. En este sentido, hay que destacar que el cliché que estereotipa a los demandantes de prostitución como "pobres hombres" que acuden para hablar con alguien obvia la relación de desequilibrio que existe en prostitución. Un hombre en esa situación podría acudir a un psicólogo o psicóloga, pero la relación de poder que establece con la prostituta no puede reproducirse en el caso de tratar con una persona experta en psicología.

Otro viejo cliché es el de los hombres con problemas para encontrar una pareja sexual, aunque este no sería el mecanismo causal que explica el consumo de prostitución. Encontrar una pareja sexual no es el problema, sino que lo que buscan los hombres prostituidores es un tipo particular de mujeres, asociado a esa feminidad complaciente. Las relaciones sexuales pactadas, incluidas las esporádicas, implican tiempo y cierto esfuerzo por parte de los hombres porque las mujeres también tienen deseos y poder de decisión sobre su sexualidad; es decir, pueden decir que no. El pago por prostitución implica comprar el sí de las mujeres, esto es, no tener que reconocerlas como sujetos con autonomía y deseos propios. El dinero es la herramienta por la cual se consigue acceder a cuerpos de mujeres que no les desean, un hecho que fuera de la prostitución solo se puede conseguir mediante la violencia explícita o la intimidación.

Además, como se ha dicho anteriormente, en ese camino de *hacerse hombre* la actividad sexual tiene una importancia central. La prostitución aparece como la posibilidad de acceder al cuerpo de las mujeres con fines sexuales siguiendo patrones de sexualidad patriarcales.

El consumo de prostitución engrandece a los hombres en dos sentidos: por un lado, mediante la *performance* de la prostituta que ensalza su masculinidad. Y, por otro lado, su nivel de importancia es tal que, sin ellos, no existiría la institución misma de la prostitución. Como expone Françoise Heritier (2007: 261), una de las claves para entender la importancia que encierra la prostitución es la percepción del poder que tienen los hombres por "la omnipotencia virtual que siente cada hombre y que puede ejercer en cualquier momento sobre los cuerpos ofrecidos para su uso".

Los espacios de prostitución y, fundamentalmente, los clubes de alterne se convierten en lugares de socialización, consumo y ocio masculino donde los hombres acuden solos o en grupo con distintos motivos como tomar una copa, seguir o acabar una noche de fiesta, celebrar una despedida de soltero o cumpleaños, cerrar una reunión o festejar el cierre de algún trato empresarial, como gratificación para los trabajadores de una empresa, etc. El subtexto de estas motivaciones tiene que ver con situarse en espacios masculinos —vetados para las mujeres no vinculadas a la prostitución— donde las mujeres solo tienen un rol instrumental.

Por esto, la prostitución es también un ritual colectivo de representación de la masculinidad y confraternización entre el grupo de pares, lo que nos permite interpretar el *ir de putas* —como se define comúnmente— como práctica colectiva masculina. Beatriz Gimeno (2012: 26) señala que la prostitución es una institución funcional al orden de género en dos sentidos: por un lado, en el plano individual sirve para reafirmar la masculinidad tradicional; y, por otro, en el plano social, reafirma el sistema patriarcal "que se confirma y estabiliza, se naturaliza, a través de la producción y reproducción de esta práctica". Así, la prostitución es un espacio de sociabilidad para los hombres (Gómez *et al.*, 2015; Guereña, 2003).

Asimismo, hemos de reflexionar sobre la importancia de las lógicas del consumismo en la construcción de las identidades y cómo atraviesan y conforman las percepciones, motivaciones y actitudes de los hombres que consumen prostitución. Entre los hombres jóvenes está más presente esta idea de considerar una pérdida de tiempo y esfuerzo la interacción con mujeres que no les asegure completamente la obtención de sexo. Por ello, el sexo de pago les parece más fácil, cómodo, rápido e incluso económico (Baringo y López, 2006; Gómez *et al.*, 2015; Ranea, 2019).

Por todo ello, hay que hacer hincapié en que la prostitución es una institución antigua que ha de ser historizada y situada en el contexto actual para encontrar el sentido como reconstructora de masculinidad hegemónica.

GENERACIÓN PORNO: EXALTACIÓN DE LA SEXUALIDAD *MAINSTREAM*

A la hora de abordar la socialización masculina en las sociedades contemporáneas, es fundamental incorporar la referencia a la pornografía porque se ha convertido en un dispositivo disciplinador en términos de género y constituye uno de los elementos clave del aprendizaje de imaginarios sociosexuales.

La pornografía se ha configurado en una macroindustria a nivel global que nos sumerge en un proceso de *pornificación* de la cultura (Cobo, 2017, 2019; Alario, 2017; Favaro y De Miguel, 2016; Illouz, 2014). Esto es, la pornografía se normaliza y se introduce en la cotidianeidad definiendo y estructurando subjetividades y formas de pensar y experimentar el género, la sexualidad, los deseos y los placeres.

Omnipresente en la cultura contemporánea a través de los avances en internet y la multiplicación de páginas y contenidos (incluidos los de la *deep web*), la pornografía se ha vuelto tan accesible que, aunque no estemos buscando contenido pornográfico, este aparece de forma intrusiva e invasiva en nuestros dispositivos. Los hombres con más de 30 años han vivido esta transición y pueden comparar la era preinternet, en la que todavía se recuerdan las películas codificadas de Canal+ y las revistas que se iban pasando unos a otros, hasta la actualidad, en la que a golpe de clic tienen a su disposición una cantidad ingente de contenidos pornográficos. Para los más jóvenes las historias sobre revistas pornográficas les resultan anacrónicas porque muchos de ellos, nativos digitales, han crecido en la era del acceso a las tecnologías y han sido (des)educados sexualmente a través de los vídeos porno. La macroindustria de la pornografía ha conseguido extenderse de tal manera que cada vez más hombres, y también mujeres, visitan páginas de contenido pornográfico *mainstream*[18], y desciende a un ritmo vertiginoso la edad de acceso a estos contenidos por vez primera. Algunos estudios ubican el inicio en el consumo de pornografía en torno a las 8 años (Ballester y Orte, 2019). En contextos como el español, el análisis de la pornografía ha de inscribirse en un modelo educativo en el que la educación afectivo-sexual no tiene un carácter integral sino que tiende a ser marginal. La pornografía ha llenado el vacío dejado por la ausencia de una educación afectivo-sexual que desde temprana edad permita a niños y niñas tener conocimiento previo del tema. No hay forma de asimilar, desde un punto de vista racional, esta enorme contradicción que experimentamos en una sociedad hipersexualizada que, sin embargo, tiene un déficit enorme de educación afectivo-sexual que permita abrir caminos a sexualidades más libres.

Rosa Cobo (2020) sostiene que la pornografía en el contexto actual es un lenguaje de poder masculino que ha de ser analizado en la encrucijada del capitalismo y el patriarcado. No debemos confundir el placer con el poder y, por ello, no se puede ubicar únicamente la pornografía en el terreno del análisis de la sexualidad, sino que hay que prestar también atención a su significado político. Se ha de indagar más allá de lo obvio y someter a análisis el significado de la industria pornográfica. Una industria con una magnitud que lo atraviesa prácticamente todo, y que no puede quedar al margen del análisis

---

18. El concepto pornografía *mainstream* hace referencia a las producciones pornográficas que se consumen de forma mayoritaria en sitios web y plataformas y que conforman la macroindustria de la pornografía. No forman parte de esto aquellas producciones con un carácter más marginal y un volumen de visualizaciones mucho más minoritario, como puede ser lo que se conoce como *posporno*.

crítico feminista y del impacto que tiene como dispositivo socializador.

La pornografía *mainstream* está atravesada por prácticas sexuales que se rigen por patrones patriarcales y que, en muchas ocasiones, erotizan y normalizan la violencia y las agresiones sexuales contra las mujeres (Walter, 2010; Cobo, 2017; Alario, 2017). Hay múltiples violencias en la pornografía que no son identificadas como tal porque la cultura de la violación contribuye a que se consideren elementos *normales* dentro de las relaciones heterosexuales. Así, entre las categorías de vídeos más populares encontramos el *abuso facial*, el *sexo con estrangulamiento* o el *porno de violación*, por citar algunos; sin olvidar el género *gang bang*, que simboliza el ritual grupal masculino de hermanamiento mediante la instrumentalización (y humillación) colectiva de una mujer.

Mónica Alario (2018) destaca que los principales mensajes que refuerzan estos vídeos suponen la erotización de elementos tales como el dolor físico de las mujeres, de la falta de deseo por parte de las mujeres, del sufrimiento de las mujeres, de la humillación a las mujeres, y de los abusos sexuales a menores. En este sentido, Michael Flood (2009) analiza los efectos de la exposición a la pornografía en niños y hombres jóvenes y concluye que esta intensifica las actitudes sexistas, así como una mayor aceptación de la violencia sexual.

La *ficción* pornográfica no siempre es representada en tanto ficción, sino más bien como sexo no ficcionado, donde aprenden pautas, prácticas y formas de pensarse e imaginarse a sí mismos en relación a la sexualidad. Es decir, para estos niños-hombres, la pornografía no es representada como irrealidad sino como fantasía materializable. Esto produce un imaginario sociosexual que conlleva percepciones erróneas y un fuerte desconocimiento de la sexualidad de las mujeres.

Estos imaginarios pueden vincularse al consumo de prostitución porque esta aparece como un espacio *idílico* para la mirada masculina donde materializar estos aprendizajes que provienen de la pornografía hegemónica y, por tanto, patriarcal. Como me dijo un hombre demandante de prostitución: "Casi fue como una película porno en la que yo era el protagonista"[19].

Laura Mulvey (2001) explica que la mirada masculina, habitualmente, ha representado a las mujeres en la pantalla a través de dos niveles: en primer lugar, como objeto de deseo para los personajes que vertebran la narración desarrollada en la película; y, en segundo lugar, como objeto erótico para los propios espectadores. Mulvey analiza el artificio de la *showgirl* o bailarina erótica que permite que ambas miradas se unifiquen técnicamente sin ninguna ruptura aparente. Se trata de una mujer que actúa en el interior de la narración, de manera que la mirada del espectador y la del personaje principal masculino de la película se combinan hábilmente sin romper la verosimilitud narrativa. En la pornografía se da un proceso similar al de la *showgirl*: las mujeres que aparecen en los vídeos pornográficos satisfacen la mirada del personaje masculino con quien mantiene relaciones sexuales y, a la vez, la mirada del varón espectador. Así, el espectador se mimetiza con el actor porno.

DEL VIEJO VERDE AL *SUGAR DADDY*

El modelo de belleza femenino está ligado a otro eje sobre el que se establecen también relaciones de desigualdad: la edad. A nivel social y para la mirada masculina heterosexual hegemónica, el cuerpo que se corresponde con el canon de belleza femenino implica juventud. Así, las mujeres jóvenes poseen mayor *capital sexual* porque tienen más posibilidades de acercarse al modelo de atracción sexual, más aún si junto a la edad se incorporan otros atributos físicos de este modelo normativo como, por ejemplo, la delgadez. A medida que las mujeres cumplen años son expulsadas del *mercado sexo-afectivo*, al igual que del mercado laboral, de las industrias culturales, etc. En

---

19. Entrevista que forma parte de la investigación doctoral citada en la bibliografía (Ranea, 2019).

nuestras sociedades, las mujeres se hacen *viejas* mientras los hombres que cumplen años se convierten en *maduros*.

Aquí no se trata de juzgar las relaciones con diferencia de edad que se establecen individualmente, y mucho menos hacer recaer el peso de esta elección sobre las mujeres. Lo que se va a problematizar es la renovada figura del hombre de edad avanzada que tiene relaciones con mujeres significativamente más jóvenes; es decir, cómo la erótica del poder masculino se reconfigura y construye narrativas para revestir viejas prácticas de otros significados, ya sea dulcificándolas, glamurizándolas o convirtiéndolas en transgresoras.

En este caso, podemos observar una restitución del poder masculino. Se trata de relaciones donde ciertos varones de edad avanzada utilizan su posición de jerarquía en términos de género, económicos y de edad (muchas veces también de procedencia y etnicidad). La juventud de las mujeres es exaltada por estos hombres porque la vinculan a una menor experiencia vital. Cuanto más avanzamos en edad, las personas vamos adquiriendo un mayor número de experiencias, aprendizajes y estrategias de supervivencia, resistencia o autodefensa, o quizá fatiga ante determinadas dinámicas de las relaciones interpersonales. La edad genera así una jerarquía en la que el establecimiento de una relación con una mujer más joven restituye al hombre su poder como sujeto hegemónico, por no mencionar que, si además la relación es pública, este adquiere reconocimiento entre otros hombres por haber conseguido conquistar[20] a una mujer mucho más joven y con mayor atractivo sexual que las de su cohorte de edad. Vemos este fenómeno entre profesores, presentadores de televisión, presidentes de clubes de fútbol, empresarios y un sinfín de hombres públicos que exhiben como trofeos a sus parejas femeninas más jóvenes.

---

20. Utilizamos de forma consciente esta palabra porque el cuerpo de la mujer aparece como un territorio de conquista.

En este contexto, no es extraño que exista toda una amalgama de contenidos eróticos en torno a la fantasía de la *"teen"*[21], de *teenager* (adolescente), como un subgénero pornográfico propio donde se demandan mujeres cada vez más jóvenes, prácticamente recién llegadas a la pubertad.

Tampoco es extraño que se suavicen conceptos en los que estas jerarquías de poder se hacen mucho más explícitas, inmersas incluso dentro del paraguas de relaciones de prostitución: nos referimos al *sugar daddy* en búsqueda de una (o más) *sugar baby*. Se trata de citas transaccionales donde hombres de edad avanzada pagan a mujeres significativamente más jóvenes a cambio de salidas y encuentros (que suelen incluir sexo). El pago se efectúa con dinero o a través de artículos y objetos de lujo. Los encuentros pueden ser puntuales o tener continuidad en el tiempo, estableciéndose cierta vinculación entre ambos. Dentro de la cultura patriarcal, los cuerpos de las mujeres son representados como cuerpo-objeto sin valor humano sino mercantil; en el caso de las *sugar babies*, se utilizan como moneda de cambio para la supervivencia o para adquirir productos como ropa o accesorios de lujo que se muestran como símbolo de estatus.

Algunos estudios realizados en Estados Unidos y Reino Unido conectan el auge de los *sugar daddies* y la oferta de *sugar babies* con el aumento de las tasas universitarias que habría abocado a cada vez más mujeres jóvenes a buscar en estas páginas "arreglos románticos" que pueden o no incluir encuentros sexuales según se pacten (Mixon, 2019). Como ocurre con la prostitución *estándar*, las relaciones que se establecen han de ser analizadas inscribiéndose en el contexto social en el que se producen. No es casual que este fenómeno de los *sugar daddies* y la proliferación de reportajes y páginas de contactos en torno a ellos —que cada día movilizan más dinero— se hayan multiplicado en los últimos años como consecuencia del empobrecimiento de sectores importantes de la

---

21. *"Teen"* es un término utilizado como categoría en páginas de pornografía y en el argot de los foros de prostitución.

población tras la última crisis económica y las medidas austericidas puestas en práctica en muchos países. En este caso, también debemos considerar la subida de las tasas universitarias de forma absoluta y relativa. Es decir, en muchos contextos ha subido en términos absolutos el monto total que cuesta un curso universitario, mientras que en términos relativos supone un mayor esfuerzo pagarlas porque al mismo tiempo disminuyen los ingresos de muchas familias. A todo ello, en España se le suma que durante años de políticas neoliberales de erosión del estado de bienestar se fuera recortando el sistema de becas públicas, reduciéndose aún más las opciones de estudio para muchas jóvenes.

Sin embargo, la denominación *sugar daddy* trata de desvincular esta relación de la carga social peyorativa que tiene todo lo relacionado con la prostitución[22]. El patriarcado contemporáneo está especializado en invertir los significados para despolitizar y dulcificar los mecanismos de dominación. Para ello, tiene que expandir nuevos marcos de interpretación de viejas realidades patriarcales donde la prostitución aparece como *trabajo sexual*, el putero como *sugar daddy* o las prostitutas como *escorts*. Incluso se construyen imágenes prototípicas en las que los *sugar daddies* serían *pobres hombres* de los que las mujeres se estarían aprovechando, de tal forma que en este relato se invierte la jerarquía de poder y, a su vez, se reproduce el imaginario de las *malas mujeres* que siempre están buscando la forma de exprimir a los hombres.

Como en otros tipos de prostitución, el debate público sobre esta cuestión suele girar en torno a la agencia o no de las mujeres para vincularse a estas prácticas de desigualdad. Es necesario dejar de hacer recaer sobre los hombros de las mujeres todo el peso del debate y, con ello, pasar a señalar el papel de los hombres. Es decir, hemos de dejar de cuestionar sistemáticamente las decisiones de las mujeres y cuestionar las de

---

22. Al igual que ocurre con otras formas de prostitución, como puede ser la experimentada como ocasional. Para más información, se puede consultar el informe Feminización de la supervivencia y prostitución ocasional (Ranea, 2018).

los varones y problematizar la masculinidad. De esta manera, dejaremos de señalar a quienes están en situación de mayor desventaja para pasar a interpelar a quienes están en situación de privilegio. Por ello, el análisis ha de girar en torno a lo que supone como escenario de reafirmación de la masculinidad hegemónica (de los hombres de edad avanzada en el caso de los *sugar daddies*) y en torno a cómo en momentos de auge de la desigualdad socioeconómica el cuerpo de las mujeres es aún más resignificado como cuerpo-mercancía. Termino este apartado citando al creador audiovisual Christian Flores: "Tú no quieres un *sugar daddy*, lo que tú quieres es renta básica universal".

2 *FAST* 2 *FURIOUS*: LA MASCULINIDAD COMO RIESGO PARA LA SALUD

La masculinidad se construye en relación directa con la violencia tanto contra otros y otras como contra uno mismo, lo que hace imprescindible que reflexionemos sobre la vinculación de la masculinidad con la idea de valentía y la asunción de prácticas de riesgo. La socialización masculina está atravesada por la minimización de la percepción del riesgo, lo que permite, en gran medida, que los hombres asuman dichos peligros en aras de mostrar su masculinidad (Cantos, 2016; García, 2010). Es decir, la asunción de riesgos aparece imbricada en la superación de pruebas constantes para expresar y exaltar la masculinidad.

En general y en diferentes ámbitos, las prácticas de riesgo son en mayor medida llevadas a cabo por hombres que por mujeres: consumos problemáticos de ciertas sustancias, conducción temeraria, utilización de la violencia física, etc. En este sentido, la masculinidad hegemónica debería ser considerada como un riesgo para la salud pública, al estar interconectada con la exposición al riesgo propio y al de otras personas. Estas conductas, tan perjudiciales también para los propios hombres, les permiten sin embargo acceder al prestigio y poder social que las mujeres, por contrapartida, no poseen (Esteban, 2006).

Hacerse cargo del cuidado de la salud —de sí y de los y las demás— se considera una práctica femenina, mientras que a los hombres les correspondería el *descuidado* (López y Alonso, 2015). En las relaciones interpersonales heterosexuales, el no hacerse cargo del cuidado de uno mismo tiende a exponer también al riesgo a las mujeres, no solo por las implicaciones de las propias prácticas de riesgo sino por la sobrecarga de cuidados que recae sobre ellas. De esta manera, "esos déficits de cuidado y autocuidado que la socialización en la masculinidad supone para los varones impactan nocivamente sobre la salud de las mujeres y subjetividades feminizadas" (Fabbri, 2018: 155).

En el contexto pandémico actual se ha desvelado la necesidad de problematizar la masculinidad como un asunto de riesgo para la salud pública. De forma generalizada, las mujeres han tendido a percibir más como un serio problema de salud toda la situación provocada por la COVID-19, mostrando también una mayor tendencia al cumplimiento de las restricciones; mientras que son sobre todo los hombres quienes más incumplen las restricciones y tienen menores percepciones del riesgo que todo esto supone (Galasso *et al.*, 2020). Estas actitudes diferenciadas por género tienen que ver con la propia socialización: por un lado, se educa en mayor medida a las mujeres en el cuidado propio y ajeno, así como a obedecer más las normas, especialmente si estas tienen que ver con el bienestar de otros u otras; mientras que los hombres son socializados en el *descuidado* y en la transgresión de las pautas y normas que tienen que ver con la integridad de la salud.

Además, en esta época de incertidumbres, las prácticas de riesgo se revalorizan en el mercado del reconocimiento de la hombría. Las figuras que se exaltan como roles a seguir son aquellas que asumen riesgos. Si miramos a los modelos de hipermasculinidad producidos por las industrias culturales y, en concreto, el cine, veremos por qué el título de este apartado hace alusión a la saga de películas *2 Fast 2 Furious*, en las que pareciera que la pantalla expulsase testosterona a raudales[23]. La práctica de la conducción temeraria forma parte del hilo narrativo entre secuencias en las que los hombres compiten por ostentar el primer lugar, asumiendo conductas que ponen en riesgo su propia vida. Una actitud que no solo encontramos en estas películas, sino en todos los arquetipos masculinos vinculados al riesgo o violencia, como los superhéroes, que sustituyen a los antiguos veteranos de las películas militaristas. Ya se ha mencionado cómo en los años ochenta la maquinaria cultural puso en marcha diversos mecanismos para construir y difundir figuras que reconstruyesen un modelo de hipermasculinidad que había sido cuestionado tanto por el movimiento feminista como por el movimiento antibelicista. Se construyeron relatos en los que *el hombre* volvía a ser tal a través de la rudeza, la fuerza, la competencia, la violencia o el riesgo. En la actualidad, los superhéroes masculinos recubren de colores la vieja fantasía de la masculinidad guerrera y heroica destinada a salvar al mundo.

Siguiendo con lo que supone el hecho de asumir riesgos, si nos fijamos en las prácticas en el terreno de la sexualidad —centrándonos en la heterosexualidad que analizamos aquí—, es frecuente que los hombres propongan o impongan prácticas de riesgo desprotegidas; y en los códigos afectivos se entiende como muestra de confianza o amor hacia su pareja que las mujeres acepten o que también propongan sexo sin preservativo.

Rosario Otegui (1999: 158) sostiene que el condón es un elemento disruptivo dentro de la experiencia sexual masculina concebida como irracional y carente de límites y, por ello,

introduce un elemento de racionalidad, de inhibidor del deseo y el disfrute que es, claramente, incoherente con el complejo en el que se inserta. Desde la construcción hegemónica del deseo sexual masculino, y su focalización una vez más en la genitalidad y la penetración, el

---

23. La alusión a la testosterona no hace referencia al determinismo biológico, sino a la tendencia a imaginar altos niveles de testosterona con cuerpos o prácticas hipermasculinas.

preservativo se instituye en un factor extraño que impide la plena realización de un deseo que se presenta como natural.

Así, la sexualidad masculina es vivida como una práctica que escapa a la razón y, por tanto, el preservativo rompe esa experiencia introduciendo un elemento de racionalidad. Estas percepciones de la sexualidad ligadas a la irracionalidad son especialmente significativas porque en los ideales de la modernidad el hombre encarna la idea de la razón; no obstante, cuando se aborda la sexualidad masculina este ideario se desdibuja y esta es experimentada desde una óptica diferente. Se va perfilando un mandato de la experiencia sexual vinculada al riesgo que les expone no solo a ellos, sino a las mujeres con quienes mantienen relaciones sexuales, tanto a embarazos no deseados como a la transmisión de virus como el VIH y otras infecciones de transmisión sexual (ITS). La cuestión del preservativo llega hasta tal punto que en los últimos años se ha problematizado públicamente otra forma de violencia contra las mujeres como es el *stealthing*: hombres que se quitan el condón en medio del coito y sin el consentimiento de su pareja sexual.

MATCH ENTRE CONSUMISMO Y ECONOMIZACIÓN DE LA EXPERIENCIA AMOROSA

Tanto los procesos de subjetivación y construcción de identidades como las relaciones interpersonales están imbricadas en la cultura del consumo, que se encuentra en la *fase de aceleracionismo* (Rosa, 2019) en la que todos y todas nos vemos atrapados en una espiral de generación constante de deseos y acortamiento del tiempo de satisfacción de los mismos. De la *McDonalización de la sociedad* de la que hablaba el sociólogo George Ritzer en los años noventa hemos pasado a la *amazonización* en la que se espera que la satisfacción de los deseos del yo se lleve a cabo de una forma casi instantánea.

Esta enmarcación de las experiencias dentro del imaginario del consumo atraviesa las relaciones interpersonales, que son significadas desde las lógicas de lo inmediato. Además, la cultura del consumo ha ido de la mano de la expansión de los marcos de referencia economicistas, que imponen la medida del coste y beneficio, y de la racionalización económica de toda transacción y relación, incluidas las relaciones interpersonales (Gil Calvo, 2016). Eva Illouz (2012: 20) afirma que en la actualidad se ha expandido "la economización de las relaciones sociales o la utilización generalizada de modelos económicos para configurar el yo y sus emociones"; es decir, bajo estas circunstancias, los vínculos y relaciones humanas son pensados desde marcos economicistas que miden coste, beneficio y que, además, se inscriben en las lógicas de la inmediatez para conseguir lo que se desea cuanto antes, como ocurre en otros escenarios del mercado global de consumo.

Por todo ello, dentro de este marco del consumismo también como escenario de reconstrucción subjetiva masculina, vamos a abordar la cuestión del *mercado de los afectos*. En este cohabitan los relatos de "la pareja como expectativa" (Castrillo, 2016: 444) y el romanticismo monógamo frente a otras formas de vivir la experiencia amorosa entre poliamores y parejas abiertas. De una forma u otra, parece difícil salir de las lógicas consumistas en el contexto de la *desregulación amorosa*, como lo denomina Illouz (2021). En términos de género, todo parece indicar —y los relatos culturales nos empujan a ello[24]— que las mujeres están más enganchadas al ideal romántico de amor que les genera mayor sufrimiento emocional (Herrera, 2018).

En este punto, entre perseguir el *consumo de la utopía romántica* y la búsqueda del encuentro sexual casual, aparecen Tinder y otras aplicaciones de citas, que forman parte de la creciente cantidad de redes sociales del tecnocapitalismo en las

24. El mito del amor romántico continúa siendo fuertemente exaltado desde los relatos culturales *mainstream* y programas y *realities* de gran audiencia como *La isla de las tentaciones*.

que habitamos y construimos imágenes de nosotras y nosotros mismos como Facebook, Instagram, Twitter, LinkedIn, etc.

Si nos adentramos en las aplicaciones para ligar y propiciar encuentros afectivos o sexuales —y miramos en concreto Tinder porque dentro de las interacciones heterosexuales es la más usada—, podemos comprobar que se siguen de forma paradigmática los patrones del consumismo, generando un espacio en el que las personas se exponen y exhiben en el mercado de los afectos y de las relaciones sexuales, creando un yo-marca o un yo-producto, como una imagen ideal de sí mismos a la búsqueda de *likes* (me gusta) e interacciones en forma de *match* (encuentro) si hay coincidencia entre dos personas.

En la cultura del consumo rápido y de lo superfluo, el sujeto que entra en Tinder lo hace con la expectativa de vender un perfil deseable de sí mismo/a en ese continuo tránsito de imágenes a la espera de un *match*. De esta manera, las usuarias y usuarios autoproclamados *yo-producto* se mueven en un espectro habitado por otras subjetividades producto, con la pretensión de ser deseables a los ojos de quien transita entre los perfiles. Ese yo-producto es una proyección de lo que se desea mostrar para vender la fantasía de posibilidad de pareja idílica en un simulacro que transmite que la marca de uno/a será una ruptura con la cotidianidad y, para ello, entran en escena fotos de viajes, playas, comidas apetecibles… Todo un aparataje que busca destacar entre la *masa* de homogeneidad que constituyen los demás perfiles, compuestos también por imágenes, textos breves como pequeños manifiestos de sí, canciones y *links* para explorar sus perfiles en otras redes sociales. El yo-producto se muestra en una serie determinada de fotografías y pocas frases porque el tiempo para destacar antes de ser deslizado al siguiente perfil es escaso. Cada yo-producto forma parte de un mercado con tal cantidad de perfiles[25] que genera un deseo casi imposible de colmar, porque provoca la sensación de que,

---

25. Aunque el consumo de perfiles difiere dependiendo de dónde nos encontremos; no es lo mismo instalarse Tinder en Barcelona que en Albacete, por ejemplo.

aunque se llegue a conectar con una persona concreta, en el mercado de perfiles es probable que haya *algo mejor* y, por ello, se ha de seguir buscando como parte de la insatisfacción permanente que provocan las lógicas del consumo.

Si echamos un vistazo a las pautas de género, para el hombre heterosexual Tinder es otro espacio más que facilita el consumo de imágenes de mujeres. El análisis de los perfiles muestra que los hombres, con carácter general, suelen colgar más fotos desarrollando actividades, es decir, haciendo cosas que muestren lo que les gusta o lo que les define. Por contrapartida, las mujeres tienden a compartir en mayor medida fotos en posturas sensuales o sugerentes, sin llevar a cabo ninguna actividad concreta más allá de la pose, es decir, comparten la mera corporalidad (Mesa-Medina y Marfil-Carmona, 2018). El cuerpo, como se ha comentado con anterioridad, es el principal valor de las mujeres, más aún en la sociedad hipersexualizada, en el que su valorización se mide en términos de *capital sexual*, como lo denominan Dana Kaplan y Eva Illouz (2020). En referencia a los hombres, las imágenes más deseadas para venderse a sí mismos en el mercado de perfiles también son aquellas que muestran su corporeidad, en este caso aquella de tipo hipermasculino en la que se exhibe el vínculo entre masculinidad y fortaleza física: cuerpos musculados como el ideal del yo-producto masculino.

Si seguimos en el acercamiento desde la perspectiva de género y las interacciones heterosexuales, vemos que ellos son más proclives a dar *like* en mayor cantidad de ocasiones, como una reproducción de lo que algunos autores llaman *la caza de la chica* en las discotecas: tratar de conseguir un encuentro sexual mediante el abordaje de prácticamente toda mujer a la vista (Grazian, 2007). Así, este ritual constituye una práctica donde los hombres jóvenes heterosexuales buscan, de forma relativamente agresiva, compañeras sexuales esporádicas durante las salidas nocturnas. David Grazian (2007) afirma que en el proceso socializador estos hombres jóvenes han recibido una visión de la virilidad basada en una serie de creencias, discursos y prácticas que definen unos valores claros de lo que es ser hombre, tales como la fortaleza física, el poder, la independencia, la confianza en sí mismo, la eficacia, el dominio, el rol activo, la agresividad, la valentía y la potencia sexual. Se inculca así un espíritu competitivo, el distanciamiento de todo lo que tenga que ver con el ámbito de lo afectivo, un insaciable deseo que en muchas ocasiones se relaciona con la percepción de las mujeres como objetos sexuales. El autor expone que estadísticamente la caza de la chica no suele ser exitosa; sin embargo, esta estrategia se reproduce porque para estos hombres jóvenes heterosexuales tiene un carácter ritual y performativo de la masculinidad. En estas aplicaciones se individualiza la práctica, pero el mundo *online* no es más que el reflejo, a veces magnificado, de lo que ocurre en el mundo *offline*. De forma generalizada las pautas de comportamiento siguen los patrones de género, y cuando ocurre un *match*, ellos suelen ser quienes envían el primer mensaje privado para establecer la conversación, es decir, toman la iniciativa. Por contrapartida, las mujeres tienden a dar menos *likes* y, con ello, se muestran más selectivas.

Para algunos hombres, este hecho se explica a través de la construcción del *mito de la abundancia sexual femenina* (Ranea, 2019), que se resume en aquello de que "las mujeres lo tienen más fácil para ligar". En la reafirmación de este marco de referencia se encuentran autoras como Catherine Hakim (2012), quien hace alusión a lo que denomina el *déficit sexual masculino*, que desde un punto de vista marcadamente esencialista del género afirma que de forma general los hombres tienen mayor deseo sexual que las mujeres y este "déficit" genera frustraciones en estos. Así, los hombres con un deseo sexual más elevado se encontrarían en una situación de escasez de relaciones sexuales, mientras las mujeres, con un deseo sexual más bajo, enfrentan situaciones de abundancia ante la disponibilidad inmediata de los primeros.

Este libro se distancia de las hipótesis planteadas por Hakim (2012) y, por contrapartida, argumentamos que todo esto tiene relación con el mito de la *abundancia sexual femenina*. Esto es, se piensa que las mujeres pueden acceder con mayor rapidez al sexo heterosexual porque los hombres estarían siempre disponibles. A través de este mito se refuerza, de un lado, el imperativo de la sexualidad masculina heterosexual como siempre dispuesta a mantener relaciones sexuales y, por otro, se connota negativamente la falta de disponibilidad de las mujeres a tener relaciones sexuales en los términos que ellos establecen. Pero, además, se ha de reflexionar sobre la homogeneización que se hace de todas las mujeres, cuando en realidad a lo que se refiere es a la abundancia sexual de las mujeres que se acercan al ideal de modelo de belleza y son consideradas atractivas para la mirada masculina heterosexual hegemónica.

Y, si bien es cierto que en Tinder la relación del poder de elección de forma individual se equilibra en favor de las mujeres (en el caso de las relaciones heterosexuales), lo hace dentro de valores de consumo y mercado y, por tanto, no llega a subvertir el paradigma patriarcal-capitalista. Asimismo, se observa que las mujeres siguen habitando en el miedo para quedar o dar datos concretos, pues sigue persistiendo la idea que tan claramente resume Margaret Atwood (2016) en su frase: "Los hombres tienen miedo de que las mujeres se rían de ellos. Las mujeres tienen miedo de que los hombres las asesinen".

ME GUSTA EL FÚTBOL 24/7

En el estudio de la masculinidad es innegable el rol de los deportes en la socialización masculina. Este rol se manifiesta tanto como espacios homosociales donde generar vínculos entre hombres, así como escenarios de demostración de la hombría vinculada a la rivalidad y competencia más virulenta que, en ocasiones, deriva en violencia. En el contexto español, como ocurre en otros países, el deporte que ostenta más poder, tanto material como simbólico, es el fútbol masculino.

Antes de nada, hemos de aclarar que nos referimos al *fútbol masculino* haciendo alusión específica al género para desmontar la habitual alusión al fútbol (sin más) que da por sentado que este ha de ser masculino, ya que es el hegemónico y aparece como el único legítimo y universal. Marcamos el género del fútbol al que nos referimos para visibilizar también la creciente importancia que está teniendo el fútbol femenino, al que las mujeres se han incorporado tanto como espectadoras como futbolistas. Las mujeres futbolistas cada vez adquieren más impacto en la transformación del significado del fútbol en la socialización de las niñas. No obstante, el fútbol masculino —y toda la industria montada sobre el espectáculo futbolístico— sigue siendo un dispositivo de enorme poder. Por otro lado, el fútbol masculino, como todo hecho social, merece una historización, y en este apartado nos referimos al rol del fútbol en el contexto contemporáneo, en el que se ha transformado en una macroindustria a escala global. En la actualidad, el fútbol masculino se constituye como una "tormenta perfecta entre *marketing*, sueños, ilusión, masculinidad hegemónica competitiva y capitalismo" (Bacete, 2017: 86).

Dentro de la socialización masculina a través del fútbol se forman y cimientan relaciones homosociales, tradicionalmente a fin de generar lazos entre los hombres mediante la exclusión de las mujeres. El fútbol ha servido para sentirse parte de algo mucho más grandioso y hacer equipo construyendo un sentimiento común de pertenencia. Pero no solo esto, sino que sirve para establecer vínculos entre hombres muy diferentes con los que a través de conversaciones sobre fútbol se establecen códigos de entendimiento mutuo. El fútbol sirve para generar redes de compadreo y confraternización entre los hombres. No hay más que observar tanto en entornos de trabajo como en bares: infinidad de hombres utilizan las conversaciones relacionadas con el fútbol para confraternizar con otros iguales que comprenden de lo que se está hablando. A través de estas conversaciones también *se hace el género*, ya que los varones construyen sus masculinidades en contraposición a ser o parecer femeninos, lo cual ocupa en sus narrativas un papel fundamental. Esto puede relacionarse con el valor de los discursos en el *mercado de interacción*, tal y como explica Bourdieu (2008); esto es, dependiendo de la interacción, hablar de fútbol masculino modifica el valor social de quienes producen ese discurso. Así, hablar de fútbol masculino con hombres sirve para establecer vínculos y demostrar que se es uno más del grupo de hombres heterosexuales como *deben ser*, es decir, aficionados al fútbol.

Pero el fútbol masculino no es únicamente interacción discursiva, sino que va mucho más allá como dispositivo masculinizante. Hay que destacar la relación entre fútbol masculino y violencia, porque en torno al fútbol se permiten conductas de agresividad que en otros lugares son impensables hoy en día, como el caso más explícito de *hooligans*, *skinheads* y otros hinchas violentos. Alrededor del fútbol masculino se permiten prácticas sexistas, racistas y xenófobas que en ningún otro ámbito tienen tanta tolerancia social. El entramado del fútbol masculino se articula sobre espacios donde los hombres pueden representar y dar forma más explícita y permitida a una masculinidad basada en la agresividad, la violencia y la competencia descarnada.

El espectáculo del fútbol masculino, en muchas ocasiones, actúa como escenario de representación de la hombría de una forma casi esperpéntica. Alberto del Campo Tejedor (2003: 67) afirma que "el fútbol es uno de los marcos más significativos y densos en el que se recrea, se construye, se vive la masculinidad tradicional androcéntrica, entendida más concretamente como machista, misógina y prepotente". Pero, además, ocupa tanta franja televisiva, tantos programas de radio o tantas conversaciones que no puede negarse su potencia como dispositivo socializador en el modelo hegemónico de lo que es *ser hombre*. En los últimos años hemos transitado de una forma aceleradísima entre el "me gusta ver el fútbol los domingos por la tarde" a tener disponible contenido futbolístico (masculino) todos los días, a todas horas, de diversas ligas y competiciones, en diferentes canales y plataformas. No es extraño que los principales referentes de los niños pequeños en España sean jugadores de fútbol.

Así, el fútbol ocupa espacio televisivo de forma similar a como ocupa y dispone del espacio público. Influye también como dispositivo de socialización cuando en los patios de los colegios la cancha de fútbol es la que domina, relegando a quienes no practican este deporte a los márgenes del espacio.

Además, si miramos a las macroconcentraciones futboleras o a los mundiales, es significativo que alrededor de estos eventos el mercado de la prostitución femenina crezca de forma exponencial. Este crecimiento se debe a que parte de los aficionados que se desplazan al país que acoge el mundial de turno realizan también "turismo sexual". El paquete de ocio permite que, en concentraciones tan masculinas, sea posible la instrumentalización de los cuerpos de las mujeres (en el mercado de la explotación sexual) para que los hombres se demuestren los unos a los otros que son heterosexuales.

Para concluir, como explica Joan Sanfélix (2020: 157): "No se trata de hacer una crítica vacía al mundo del fútbol, que sin duda y en otras condiciones podría funcionar como un elemento de transmisión de valores positivos para las generaciones venideras".

EL MITO DEL 'HOMBRE HECHO A SÍ MISMO'

En la era del capitalismo tardío aparece la idea del *emprendedor* como figura sobre la que construir el éxito individual ante el resquebrajamiento del rol de *breadwinner* para muchos hombres.

La figura del emprendedor emerge en la encrucijada individualista con la ficción de la meritocracia que da lugar al "hombre hecho a sí mismo". El tipo ideal del emprendedor de éxito se configura como modelo a seguir de la masculinidad. En esta era de incertidumbres con altas tasas de desempleo, el relato del emprendimiento gana hegemonía como la mejor opción de inserción en el mercado de trabajo, que ya no se enmarca dentro del empleo por cuenta ajena, sino en el afianzamiento de un proyecto propio triunfante. En torno a todo esto se construyen narrativas épicas de hombres hechos a sí mismos, personajes reales recubiertos de elementos místicos como Steve Jobs, Mark Zuckerberg, Jeff Bezos o Amancio Ortega, por citar algunos ejemplos. Este tipo de hombres se erigen como nuevos *héroes* contemporáneos. Y el misticismo produce la fantasía de un hombre que aparece en un abstracto, tiene una idea, se esfuerza, cree en ella y... ¡se convierte en uno de los hombres más ricos del mundo! Obviando que, en la inmensa mayoría de los casos, el hombre hecho a sí mismo ya venía de casa con unas condiciones y necesidades cubiertas que permiten que pueda *hacerse*. Esto es, en la construcción del mito, se evaden las alusiones a las diferencias en capital económico, cultural y simbólico que existen entre los emprendedores de éxito y el ciudadano medio. De hecho, estos grandes gurús ascienden gracias a la precarización de las formas de vida y trabajo de esos otros que quizá quieran ser como ellos.

Así, el mito del hombre emprendedor y de la meritocracia se constituye como un relato con intención de permear el imaginario colectivo y captar a los hombres (y también las mujeres) de la clase trabajadora, que se convierten en consumidores y seguidores de la ideología del emprendimiento como parte de la competición capitalista en la que el punto de partida garantiza la desigualdad en el resultado. El sistema asegura que la acumulación de riqueza siga en manos de quienes la tenían previamente, y que el emprendedor que venía de condiciones de pobreza, si es capaz, realice continuamente ajustes de expectativas para sobrevivir o para que, al ser devorado por el mercado, pueda minimizar los efectos.

El ideal del emprendimiento está atravesado por un relato de corte neoliberal que ha sido además facilitado enormemente desde las instituciones públicas, que promueven sistemáticamente programas de fomento al emprendimiento o del *talento emprendedor*. Así, las políticas de lucha contra el desempleo han sido copadas por la deriva del emprendimiento (Serrano, 2016). Es el "sálvese usted mismo" propio de la ideología neoliberal pues, si no tiene éxito, el fracaso también se individualiza. Pero el mercado siempre gana, y en torno a la gestión personal del fracaso se ha erigido todo un negocio de la autoayuda y el *coaching*. En las últimas décadas crecen los discursos de responsabilización de los propios individuos sobre cuestiones estructurales. El individualismo escapa de las explicaciones estructurales sobre la desigualdad social y la falta de oportunidades, y hace recaer sobre las personas la entera responsabilidad sobre su situación; así, se estima que tanto el éxito como el fracaso tienen que ver con las características propias de la personalidad de dichos individuos, y se invisibiliza el papel del lugar que ocupamos en la estructura social y cómo esto condiciona nuestras oportunidades. Nos referimos a esta cuestión en el análisis de la masculinidad porque el tipo ideal de emprendedor es también un hombre que sigue el modelo de la competencia feroz masculina, el del *businessman* depredador, y se presenta como un mito con gran potencial de persuasión.

La esperanza de tener éxito, envuelta de la erótica económica, absorbe a muchos hombres en la era de la incertidumbre laboral. La idea del reconocimiento sustentada en el éxito económico persuade a través de distintos mecanismos, entre los que podemos destacar la expansión de las casas de apuestas, especialmente dispuestas en los barrios de menor renta per cápita. Imaginarios que atan a los hombres de la clase trabajadora a la fantasía de azares de éxito económico mediante las apuestas. Estos espacios han sido analizados también como refugios de la masculinidad errática (Téllez *et al.*, 2020) en un panorama de desmotivación de la juventud: en el caso de los hombres jóvenes de clase trabajadora aparece la fícticia esperanza de salir de ese hastío consiguiendo el éxito mediante las apuestas deportivas. El lado más oscuro de todo esto es el incremento de la ludopatía entre este grupo.

CAPÍTULO 5

¿*NUEVAS* MASCULINIDADES?

"We don't need another hero."
BARBARA KRUGER

En este punto nos encontramos en una encrucijada similar a la de Alicia en el País de las Maravillas:

—¿Podrías decirme, por favor, qué camino he de tomar para salir de aquí? —preguntó Alicia.
—Depende mucho del punto adonde quieras ir —contestó el gato.

Como en tantas otras cuestiones, en este asunto quizá lo importante no sea tener todas las respuestas sino hacer las preguntas correctas. ¿Hacia dónde deseamos ir? O, más bien, ¿hacia dónde desean ir los hombres disidentes de la masculinidad hegemónica? ¿Cómo se desarma la masculinidad? Como cuestiona Jokin Azpiazu (2013, 2017), el camino a seguir con la masculinidad ¿sería reformarla?, ¿o mejor abolirla? Coincido con él en que hemos de "plantearnos la abolición de la masculinidad, al menos como sueño, como ampliación de nuestros posibles siquiera" (Azpiazu, 2017: 115). Ahora bien, con la mirada puesta en una utopía, el viaje está lleno de incógnitas que requieren ir dando pasos que van desde las pequeñas a las grandes revoluciones cotidianas. Lo cierto es que necesitamos vislumbrar la posibilidad de otras formas de construir la masculinidad o de acabar con ella. Necesitamos pensar e imaginar alternativas más o menos realizables, porque sin la perspectiva de creer en otros modelos —sean estos los que sean—, el camino hacia una sociedad más feminista, igualitaria y justa seguirá encontrándose con las múltiples barreras que siembra la pervivencia de la masculinidad hegemónica.

Desde que el feminismo emerge como teoría crítica y movimiento social, las mujeres feministas han invertido grandes esfuerzos en ir transformando y flexibilizando los mandatos de la feminidad. Diferentes mujeres a lo largo de los tres últimos siglos han puesto, y siguen poniendo, cuerpo y mente en las múltiples batallas llevadas a cabo para abrir resquicios de libertad dentro del entramado patriarcal. Los avances que se han ido consiguiendo no han sido gratuitos, la toma de conciencia feminista y la subversión de las normas de género son emancipadoras, pero también implican renuncias, costes personales y malestares, más aún cuando las mujeres se expresan como feministas en el espacio público, ya que esto conlleva señalamientos e incluso acoso. La historia del feminismo es a su vez la historia de la transformación de las subjetividades femeninas. Aunque como señala Ana Requena (2020), no podemos seguir pidiendo únicamente transformación a las niñas, ¿qué pasa con los niños? ¿Qué pasa con los hombres? También necesitamos la transformación de estos. Se ha de cambiar la socialización masculina para promover otras formas de ser que descarguen a los niños del imperativo de tener que demostrar de forma sistemática la virilidad. Hasta el momento, los tímidos cambios que se han producido en este sentido son claramente insuficientes.

En muchos foros se ha popularizado el término *nuevas masculinidades* para nombrar al camino de transformación abierto por algunos hombres. Este concepto se ubica en la indefinición que no necesariamente tiene que ver con masculinidades igualitarias, disidentes, alternativas, contrahegemónicas, profeministas, aliadas del feminismo u otros adjetivos que se utilizan en este contexto y que tienen elementos en común, ya que indican el comienzo de una andadura hacia otros modelos que rechacen tanto en la práctica pública como privada los mandatos patriarcales (Téllez, 2020). Pero el adjetivo *nuevas* podría hacer referencia a las reconfiguraciones de la masculinidad que siguen sin distanciarse de las prácticas patriarcales. Esto es, las *nuevas masculinidades* pueden ser un trampantojo en el que subyacen las *viejas*.

En este sentido, se puede observar cómo aparecen formas aparentemente *nuevas* sin desprenderse de las reliquias, en forma de privilegios, de la masculinidad hegemónica. Es decir, en el intento de caminar hacia otras formas de ser hombre, no abandonan actitudes e ideas como la necesidad de reconocimiento masculina, la ocupación del espacio o la cosificación y mercantilización de los cuerpos de las mujeres, entre otras. En estos casos, pareciera que esto que se denomina la *nueva* masculinidad queda reducido a una mera cuestión estética, a una abstracción discursiva que no promueve un cambio sustancial. Entre algunos de los *nuevos* hombres se percibe un afán de reconocimiento —prototípico de la masculinidad hegemónica— y de protagonismo al ocupar espacios feministas. Es más sencillo instalarse en un espacio discursivo y material dentro del feminismo (donde tienen altas probabilidades de ser bien aceptados) que entrar en conflicto con otros hombres impugnando sus prácticas machistas y rompiendo la alianza fraternal masculina. En algunos de estos *nuevos* sujetos masculinos observamos una tendencia a la postura relativamente cómoda que no implique dinamitar el corporativismo con otros hombres, esto es, que no les deje en el lugar de ser considerados unos *traidores*, como explica Miguel Lorente (2013). El camino hacia la disidencia de la norma masculina es errático, lleno de contradicciones, y requiere humildad y también valor para establecer la ruptura con la fratría. Por ello, desde el feminismo como *teoría de la sospecha*[26] se debe desconfiar de los autoproclamados hombres *nuevos* que parecieran estar únicamente centrados en la búsqueda del aplauso a través de la exposición pública del cambio en su propio yo. Como si nos estuvieran gritando:

---

26. Como lo llama Celia Amorós.

"¡Miradme, soy un hombre *deconstruido*!", en lugar de trabajar por el cambio real. Como dice la activista Kelley Temple: "Los hombres que quieren ser feministas no necesitan que se les dé un espacio en el feminismo. Necesitan coger el espacio que tienen en la sociedad y hacerlo feminista".

Por otra parte, en algunos espacios el discurso de las *nuevas* masculinidades gira únicamente en torno a la idea de "lo que el patriarcado nos hace a nosotros". Estos *nuevos* hombres se centran en analizar la carga del patriarcado sobre sus vidas, por ejemplo, poniendo énfasis en el impacto que tiene sobre ellos la negación de la expresión de emociones y sentimientos que no encajan en la norma hegemónica masculina. Es imprescindible que se trabaje en este sentido porque, como hemos visto, la socialización masculina patriarcal es fuertemente dañina para los hombres. Sin embargo, este relato tiene que ir de la mano con señalar también los privilegios masculinos o, de lo contrario, no deja de ser un discurso que sigue exclusivamente centrado en el propio yo de los varones. Cualquier propuesta de trabajo para cambiar la masculinidad no ha de perder de vista que las grandes damnificadas por el patriarcado son las mujeres.

En cuanto a la movilización de los hombres, en esta época de la cuarta ola se observa un incremento en su participación en las protestas feministas. Y desde hace años encontramos cada vez más grupos de hombres en proceso de transformación, aunque la disidencia masculina no termina de movilizar a muchos. Los hombres activistas en pro de masculinidades igualitarias son minoritarios. De hecho, si tomamos el ejemplo del avance en la ampliación de los permisos por paternidad, podemos preguntarnos: ¿se han realizado movilizaciones de hombres para vindicar este derecho? Más bien han sido colectivos de mujeres (y algunos hombres) quienes han reclamado este derecho para los hombres, por dos motivos: uno de ellos, para promover su mayor implicación en el reparto más equitativo de los cuidados en las parejas heterosexuales; y en segundo lugar, para contribuir a una disminución de la discriminación por maternidad que sufren las mujeres en el mercado laboral.

Volviendo a los grupos de hombres, estos tienen diferentes enfoques y nos quedaremos con aquellos que problematizan los privilegios masculinos y transitan la vereda de renuncias e incomodidades que provoca ser consciente de que los privilegios que poseen siempre se sostienen sobre la posición de subordinación de *otras*. Hace falta situarse en una *incomodidad productiva* (Azpiazu, 2017) que venza las resistencias al cambio y rehúse la posición a la defensiva que adquieren muchos hombres cuando se sienten interpelados por las demandas feministas. Para ello, se ha de llevar a cabo un ejercicio de desempoderamiento y de escucha activa. El itinerario a recorrer no es sencillo y requiere dar pasos hacia el compromiso y la autocrítica tanto individual como colectiva. Desde la humildad a la que hacíamos referencia, también es necesario que el relato de la disidencia sea visible para contrarrestar el poder de la narrativa hegemónica de la masculinidad patriarcal.

Lo imprescindible para provocar el desarme[27] de la masculinidad hegemónica es construir masculinidades no violentas. En este sentido, Anastasia Téllez (2020) habla del *armisticio* de la masculinidad para enmarcar la necesidad de construir modelos que cesen la violencia contra sí y contra los y las demás. Esto es, desarmar la masculinidad es humanizarla. No en el sentido de *lo humano* como sinónimo de *hombre*, sino de *humanidad* que conforme otras miradas desde la empatía, el cuidado, el reconocimiento y la desvinculación con la normalización del uso de la violencia.

Los hombres que se acerquen a una masculinidad desarmada han de romper los pactos de silencio patriarcales y situarse en el rechazo a todas las formas de violencia contra las mujeres, incluyendo la prostitución, mostrando explícitamente su oposición a la cultura putera.

Además, el desarme va de la mano del reconocimiento de la vulnerabilidad y la interdependencia humana, así como de la

---

27. Utilizamos el concepto de *desarme* en dos de sus sentidos: separar en piezas; y entregar las armas en relación a la vinculación entre masculinidad y violencia, como se ha explicado.

responsabilidad de asumir su papel en cuanto a la carga de las tareas reproductivas; es decir, asumir los cuidados propios y repartir de forma equitativa los de las personas bajo su responsabilidad. En referencia a esto, el discurso y la práctica de las *nuevas* paternidades resultan muy pertinentes. No obstante, la nueva paternidad no puede quedar reducida a hacerse cargo de la parte lúdica del cuidado de los hijos e hijas, sino que una auténtica revuelta hacia una paternidad igualitaria tiene que repartir las tareas que menos lucen en público y asumir de forma equilibrada la limpieza, la preparación de comidas o la carga mental que supone la organización de los hogares.

El discurso de la responsabilización de los cuidados ha de trascender el ámbito de las paternidades, porque dentro del trabajo reproductivo se encuentran también los cuidados de las personas dependientes y el resto de las tareas domésticas. Respecto a esto último, una eficaz vara de medir la práctica feminista de un hombre es saber si él limpia el baño de la casa, si lo hace sin que nadie se lo pida y sin esperar reconocimiento público por ello.

Por otro lado, la idea de desarmar la masculinidad hegemónica tiene que ir indiscutiblemente de la mano de la configuración de otras formas de vivir la sexualidad. Se han de subvertir las definiciones tradicionales que han ubicado a las mujeres heterosexuales y bisexuales como meras posibilitadoras del placer masculino. Han de abandonar los esquemas prefijados y exaltados por el imaginario pornográfico hegemónico en los que todo gira alrededor de la genitalidad masculina y la instrumentalización del cuerpo de las mujeres. No es extraño que desde que apareciera el Satisfyer y otros estimuladores del clítoris muchos hombres los hayan considerado un ataque a la masculinidad patriarcal vinculada al coitocentrismo y el falocentrismo.

El sexo de la masculinidad desarmada ha de experimentarse desde la empatía, la reciprocidad y el reconocimiento de las mujeres como sujetos deseantes. La autonomía y el poder de decisión de las mujeres han de ubicarse en el centro de los intercambios mutuos de placeres, goces y deseos. La auténtica revolución sexual implica erotizar las relaciones sexuales establecidas en un plano equitativo y recíproco.

En definitiva, el desarme de la masculinidad va unido a desaprender el marco de interpretación de la realidad desde un prisma patriarcal, para pasar a colocarse las gafas violetas del feminismo incorporando el filtro de toma de conciencia de los privilegios masculinos. Solo tomando conciencia se puede iniciar la transformación.

Pero el asunto de las masculinidades desarmadas no se puede confiar únicamente a la responsabilidad individual de los hombres que muestran compromiso con el cambio. Para provocar un giro de mayor calado hace falta seguir reivindicando políticas públicas que hagan tambalearse la desigualdad estructural. Nada se conseguirá si no se invierte realmente en políticas que lleven a la práctica de forma efectiva la corresponsabilidad; el fin de las múltiples brechas de género en el mercado laboral y el freno a la precarización de la existencia; la lucha integral contra las violencias machistas, incluida la explotación sexual... Y, sin duda, para promover un cambio radical necesitamos liberar a los niños de la armadura de la masculinidad hegemónica a través de la coeducación, la educación afectivo-sexual y la educación en la no violencia situando la empatía, la ternura, los cuidados y la vida en el centro.

Es urgente desarmar la masculinidad: nos va la vida en ello.

BIBLIOGRAFÍA

Alario, Mónica (2017): "Pornografía en un patriarcado neoliberal: ¿una cuestión de deseos individuales?", en L. Nuño y A. de Miguel (dirs.), *Elementos para una teoría crítica del sistema prostitucional*, Granada, Editorial Comares.

Alberdi, Inés (1999): "El significado del género en las ciencias sociales", *Política y sociedad*, 32, pp. 9-21.

Amorós, Celia (1987): "Espacio de los iguales, espacio de las idénticas. Notas sobre poder y principio de individuación", *Arbor: ciencia, pensamiento y cultura*, pp. 113-128.

— (1990): "Violencia contra las mujeres y pactos patriarcales", en V. Maquieira y C. Sánchez (eds.), *Violencia y sociedad patriarcal*, Madrid, Editorial Pablo Iglesias.

— (1992): "Notas para una teoría nominalista del patriarcado", *Asparkía. Investigació feminista*, 1, pp. 41-58.

Armstrong, Nancy (1991): *Deseo y ficción doméstica: una historia política de la novela*, Madrid, Ediciones Cátedra.

Atwood, Margaret (2006): *La maldición de Eva*, Barcelona, Lumen.

Azpiazu, Jokin (2013): "¿Qué hacemos con la masculinidad: reformarla, abolirla o transformarla?", *Pikara Magazine*, 14 de marzo.

— (2017): *Masculinidad y feminismo*, Barcelona, Virus Editorial.

Bacete, Ritxar (2017): *Nuevos hombres buenos*, Barcelona, Ediciones Península.

BADINTER, Elisabeth (1993): *XY. La identidad masculina*, Madrid, Alianza Editorial.

BALLESTER, Lluís; y ORTE, Carmen (2019): *Nueva pornografía y cambios en las relaciones interpersonales*, Barcelona, Octaedro Editorial.

BASAGLIA, Franca (1983): *Mujer, locura y sociedad*, México, Universidad Autónoma de Puebla.

BAUDRILLARD, Jean (2009): *La sociedad de consumo. Sus mitos, sus estructuras*, Madrid, Siglo XXI Editores.

BEARD, Mary (2018): *Mujeres y poder. Un manifiesto*, Barcelona, Editorial Crítica.

BEAUVOIR, Simone ([1949] 2005): *El segundo sexo*, Madrid, Ediciones Cátedra.

BENERÍA, Lourdes (1987): "¿Patriarcado o sistema económico?: una discusión sobre dualismos metodológicos", en C. Amorós *et al.* (eds.), *Mujeres: ciencia y práctica política*, Madrid, Editorial Debate.

BENERÍA, Lourdes *et al.* (2018): *Género, desarrollo y globalización: una visión desde la economía feminista*, Barcelona, Edicions Bellaterra.

BEYNON, John (2002): *Masculinities and culture*, Buckingham, Open University Press.

BLEVINS, Kristie R.; y HOLT, Thomas J. (2009): "Examining the virtual subculture of Johns", *Journal of Contemporary Ethnography*, 38, pp. 619-648.

BONINO, Luis (2002): "Masculinidad hegemónica e identidad masculina", *Dossiers feministes*, 6, pp. 7-35.

BOURDIEU, Pierre (2000): *La dominación masculina*, Barcelona, Editorial Anagrama.

BROWNMILLER, Susan (1975): *Against our will. Men, women and rape*, Londres, Pelican Books.

BUTLER, Judith (2007): *El género en disputa. El feminismo y la subversión de la identidad*, Barcelona, Ediciones Paidós.

CANTOS, Raquel (2016): *Hombres, mujeres y drogodependencias. Explicación social de las diferencias de género en el consumo problemático de drogas*, Madrid, Fundación Atenea.

CASCALES, Jorge (2019): "Raewyn Connell: una vida atravesada por el género", *Asparkía*, 35, pp. 171-176.

CASTEL, Robert (2014): "Los riesgos de exclusión social en un contexto de incertidumbre", *Revista Internacional de Sociología*, 72 (1), pp. 15-24.

CASTRILLO BUSTAMANTE, Mª Concepción (2016): "La incertidumbre amorosa contemporánea: estrategias de los jóvenes", *Política y sociedad*, 53 (2), pp. 443-462.

CENTRO DE INVESTIGACIONES SOCIOLÓGICAS (2009): *Encuesta Nacional de Salud Sexual*, Madrid, CIS.

CHEJTER, Silvia (2011): *Lugar común: la prostitución*, Buenos Aires, Eudeba.

COBO BEDÍA, Rosa (2016): "Un ensayo sociológico sobre la prostitución", *Política y sociedad*, 53 (3), pp. 897-914.

— (2017): *La prostitución en el corazón del capitalismo*, Madrid, Los Libros de la Catarata.

— (2020): *Pornografía. El placer del poder*, Barcelona, Penguin Random House.

CONNELL, Raewyn (2013): "Masculinidades, colonialidad y neoliberalismo", *Viento Sur*, 20 de septiembre.

— (1987): *Gender and Power. Society, the Person and Sexual Politics*, Stanford, Stanford University Press.

— (1997): "La organización social de la masculinidad", en C. Lomas (ed.), *¿Todos los hombres son iguales? Identidades masculinas y cambios sociales*, Barcelona, Ediciones Paidós.

CONNELL, Raewyn; y MESSERSCHMIDT, James W. (2005): "Hegemonic Masculinity: Rethinking the Concept", *Gender & Society*, 19 (6), pp. 829-859.

DEL CAMPO TEJEDOR, Alberto (2003): "Cuestión de pelotas. Hacerse hombre, hacerse el hombre en el fútbol", en J. M. Valcuende del Río y J. Blanco López (eds.), *Hombres. La construcción cultural de las masculinidades*, Madrid, Talasa Ediciones.

DELGADO, Lionel S. (2018): "Masculinidades errantes. Sobre espejos rotos, automentiras y cambio", *Ctxt*, 6 de junio.

DURÁN, Mª Ángeles (2018): *La riqueza invisible del cuidado*, Valencia, Universitat de València.

ESTEBAN, Mari Luz (2004): *Antropología del cuerpo. Género, itinerarios corporales, identidad y cambio*, Barcelona, Edicions Bellaterra.

— (2006): "El estudio de la salud y el género: las ventajas de un enfoque antropológico y feminista", *Salud colectiva*, 2 (1), pp. 9-20.

FABBRI, Luciano (2018): "Género, masculinidad(es) y salud de los varones. Tensiones epistemológicas y derivas políticas", *Avatares filosóficos*, 5, pp. 143-158.

— (2020): "A los varones nos crían para pensar que podemos disponer de las mujeres", *La Nación*, 21 de agosto.

FALUDI, Susan (1993): *Reacción. La guerra no declarada contra la mujer moderna*, Barcelona, Editorial Anagrama.

FAUSTO-STERLING, Anne (1992): *Myths of gender. Biological theories about women and men*, Nueva York, BasicBooks.

FAVARO, Laura; y DE MIGUEL, Ana (2016): "¿Pornografía feminista, pornografía antirracista y pornografía antiglobalización? Para una crítica del proceso de pornificación cultural", *Labrys*, 29.

FERNÁNDEZ DE QUERO, Julián (2011): "Las raíces del varón prostituyente", *Sexpol. Revista de información sexológica*, pp. 16-19.

FLOOD, Michael (2009): "The harms of pornography exposure among children and young people", *Child Abuse Review*, 18 (6), pp. 384-400.

FOUCAULT, Michel (1980): *Microfísica del poder*, Madrid, Edissa.

— (2008): *Vigilar y castigar. Nacimiento de la prisión*, Madrid, Siglo XXI Editores.

— (2009): *Historia de la sexualidad I. La voluntad de saber*, Madrid, Siglo XXI Editores.

FRIEDAN, Betty (2009): *La mística de la feminidad*, Madrid, Ediciones Cátedra.

GALASSO, Vincenzo et al. (2020): "Gender differences in COVID-19 attitudes and behavior: Panel evidence from eight countries", *PNAS*, 117 (44), pp. 27285-27291.

GARCÍA DAUDER, Dau; y PÉREZ SEDEÑO, Eulalia (2017): *Las "mentiras" científicas sobre las mujeres*, Madrid, Los Libros de la Catarata.

GARCÍA GARCÍA, Antonio (2010): "Exponiendo hombría. Los circuitos de la hipermasculinidad en la configuración de prácticas sexistas entre varones jóvenes", *Revista de Estudios de Juventud*, 89, pp. 59-78.

GIL CALVO, Enrique (1997): *El nuevo sexo débil. Los dilemas del varón posmoderno*, Madrid, Editorial Temas de Hoy.

— (2009): *Crisis crónica. La construcción social de la gran recesión*, Madrid, Alianza Editorial.

— (2016): "¿Todo mercado? El irresistible ascenso de la competitividad neoliberal", en E. Gil Calvo (ed.), *Sociólogos contra el economicismo*, Madrid, Los Libros de la Catarata.

GILMORE, David D. (1994): *Manhood in the making: Cultural concepts of masculinity*, Barcelona, Ediciones Paidós.

GIMENO, Beatriz (2012): *La prostitución. Aportaciones para un debate abierto*, Barcelona, Edicions Bellaterra.

GIRARD, René (1983): *La violencia y lo sagrado*, Barcelona, Editorial Anagrama.

GODELIER, Maurice (1986): *La producción de grandes hombres. Poder y dominación masculina entre los Baruya de Nueva Guinea*, Madrid, Ediciones Akal.

GOFFMAN, Erving (1991): *Los momentos y sus hombres. Textos seleccionados y presentados por Yves Winkin*, Barcelona, Ediciones Paidós.

GÓMEZ SUÁREZ, Águeda *et al.* (2015): *El putero español*, Madrid, Los Libros de la Catarata.

GRAZIAN, David (2007): "The girl hunt: Urban nightlife and the performance of masculinity as collective activity", *Symbolic Interaction*, 30 (2), pp. 221-243.

GUEREÑA, Jean-Louis (2003): "El burdel como espacio de sociabilidad", *Hispania*, LXIII (2), pp. 551-570.

HAKIM, Catherine (2012): *Capital erótico. El poder de fascinar a los demás*, Barcelona, Editorial Debate.

HARAWAY, Donna (1988): "Situated knowledge: The science question in feminism and the privilege of partial perspective", *Feminist Studies*, 14 (3), pp. 575-599.

HEARN, Jeff (2004): "From hegemonic masculinity to the hegemony of men", *Feminist Theory*, 5 (1), pp. 49-72.

HERITIER, Françoise (2007): *Masculino/Femenino (II). Disolver la jerarquía*, Buenos Aires, Fondo de Cultura Económica de Argentina.

HERRERA GÓMEZ, Coral (2018): *Mujeres que ya no sufren por amor. Transformando el mito romántico*, Madrid, Los Libros de la Catarata.

HESSE-BIBER, Sharlene (2007): *Handbook of Feminist Research: Theory and Praxis*, Londres, Sage Publications.

HINE, C. (2004): *Etnografía virtual*, Barcelona, Editorial UOC.

HOOKS, bell (2004): "Mujeres negras: dar forma a la teoría feminista", en VV. AA., *Otras inapropiables*, Madrid, Editorial Traficantes de Sueños.

ILLOUZ, Eva (2012): *Por qué duele el amor. Una explicación sociológica*, Madrid, Katz Editores.

— (2014): *Erotismo de autoayuda. "Cincuenta sombras de Grey" y el nuevo orden romántico*, Madrid, Katz Editores.

— (2021): "El capitalismo ha creado grandes bolsas de miseria sentimental", *La Vanguardia*, 17 de enero.

ILLOUZ, Eva; y KAPLAN, Dana (2020): *El capital sexual en la Modernidad tardía*, Herder Editorial.

IMMERZEEL, Tim *et al.* (2015): "Explaining the gender gap in radical right voting: A cross-national investigation in 12 Western European countries", *Comparative European Politics*, 13, pp. 263-286.

INJUVE (2021): Informe Juventud en España 2020, Madrid, INJUVE.

INSTITUTO EUROPEO PARA LA IGUALDAD DE GÉNERO (2017): *La ciberviolencia contra mujeres y niñas*, Vilna, EIGE.

KATZ, Jonathan N. (2012): *La invención de la heterosexualidad*, México, Me cayó el veinte.

KELLY, Liz (1988): *Surviving sexual violence*, Cambridge, Polity Press.

KIMMEL, Michael (1994): "Masculinity as homophobia", en H. Brod y M. Kaufman (eds.), *Theorizing masculinities*, Thousand Oaks, Sage Publications.

— (2001): "Masculinidades globales: restauración y resistencia", en C. Sánchez-Palencia y J. C. Hidalgo (eds.), *Masculino plural: construcciones de la masculinidad*, Lleida, Ediciones de la Universidad de Lleida.

— (2013): *Angry White Men: American masculinity at the end of an era*, Nueva York, Nation Books.

LAGARDE, Marcela (2000): *Claves feministas para la autoestima de las mujeres*, Madrid, Editorial Horas y horas.

LAQUEUR, Thomas (1994): *La construcción del sexo. Cuerpo y género desde los griegos hasta Freud*, Madrid, Ediciones Cátedra.

LOMAS, Carlos (2008): *¿El otoño del patriarcado? Luces y sombras de la igualdad entre mujeres y hombres*, Barcelona, Ediciones Península.

LÓPEZ INSAUSTI, Rafael; y BARINGO, David (2006): *Nadie va de putas. El hombre y la prostitución femenina*, Zaragoza, Logi Organización Editorial.

LÓPEZ RAMOS, Ángela; y ALONSO FERNÁNDEZ DE AVILÉS, Bakea (2015): *A fuego lento. Cocinando ideas para una intervención grupal con hombres desde una perspectiva de género*, Madrid, Fundación Cepaim.

LORENTE, Miguel (2009): *Mi marido me pega lo normal. Agresión a la mujer: realidades y mitos*, Barcelona, Editorial Planeta.

— (2013): Conferencia "El traidor", TEDxBarcelonaWomen.

MAQUIEIRA, Virginia (2001): "Género, diferencia y desigualdad", en V. Maquieira y E. Beltrán (eds.), *Feminismos. Debates teóricos contemporáneos*, Madrid, Alianza Editorial.

MARÇAL, Katrine (2017): *¿Quién le hacía la cena a Adam Smith?*, Barcelona, Editorial Debate.

MARQUÉS, Josep Vicent (1997): "Varón y patriarcado", en T. Valdés y J. Olavarría (eds.), *Masculinidad/es. Poder y crisis*, Santiago de Chile, FLACSO.

MARTÍN, Sara (2007): "Los estudios de la masculinidad", en M. Torras (ed.), *Cuerpo e identidad*, Barcelona, Edicions UAB, pp. 89-116.

MARTTILA, Anne-Maria (2008): "Desiring the 'Other': Prostitution Clients on a Transnational Red-Light District in the Border Area of Finland, Estonia and Russia", *Gender, Technology and Development*, 12 (1), pp. 31-51.

MATESANZ, Agripino (2006): *Mitos sexuales de la masculinidad*, Madrid, Biblioteca Nueva.

MESA-MEDINA, Óscar; y MARFIL-CARMONA, Rafael (2018): "Diferencias de género en la relación socioafectiva virtual e implicaciones educomunicativas en la red Tinder", en M. R. Cruz-Díaz *et al.* (eds.), *Uso del teléfono móvil, juventud y familia*, Sevilla, Egregius.

MESSERSCHMIDT, James (2000): "Becoming 'Real Men': Adolescent Masculinity Challenges and Sexual Violence", *Men and Masculinities*, 2 (3), pp 286-307.

MIEDZIAN, Myriam (1995): *Chicos son, hombres serán. Cómo romper los lazos entre masculinidad y violencia*, Madrid, Editorial Horas y horas.

MILLETT, Kate ([1969] 2010): *Política sexual*, Madrid, Ediciones Cátedra.

MIXON, Franklin G. (2019): "Sugar daddy u: human capital investment and the university-based supply of 'romantic arrangements'", *Applied Economics*, 51 (9), pp. 956-971.

MOSSE, George L. (2000): *La imagen del hombre: la creación de la moderna masculinidad*, Madrid, Talasa Ediciones.

MOTT, Lucretia (1975): "Discurso pronunciado en 1854", en A. Martín-Gamero (ed.), *Antología del feminismo*, Madrid, Alianza Editorial.

MULVEY, Laura (2001): "Placer visual y cine narrativo (1975)", en B. Wallis (ed.), *Arte después de la modernidad: nuevos planteamientos en torno a la representación*, Barcelona, Ediciones Akal.

NUÑO GÓMEZ, Laura (2010): *El mito del varón sustentador. Orígenes y consecuencias de la división sexual del trabajo*, Barcelona, Icaria Editorial.

OFICINA DE NACIONES UNIDAS CONTRA LA DROGA Y EL DELITO (2019): *Global Study on Homicide*, UNODC.

OTEGUI, Rosario (1999): "La construcción social de las masculinidades", *Política y sociedad*, 32, pp. 151-160.

PARRINI, Rodrigo *et al.* (2014): "Límites, excedentes y placeres: prácticas y discursos en torno al trabajo sexual en una zona rural de México", *Sexualidad, salud y sociedad*, 16, pp. 153-172.

Pateman, Carol (1995): *El contrato sexual*, Barcelona, Anthropos Editorial.

Pease, Bob (2000): *Recreating men. Postmodern Masculinity Politics*, Londres, Sage Publications.

Posada Kubissa, Luisa (2015): "Las mujeres son cuerpo: reflexiones feministas", *Investigaciones feministas*, 6, pp. 108-121.

Puleo, Alicia (1995): "Patriarcado", en C. Amorós (ed.), *10 palabras clave sobre mujer*, Estella, Editorial Verbo Divino.

Quijano, Aníbal (2000): "Colonialidad del poder, eurocentrismo y América Latina", en E. Lander (comp.), *La colonialidad del saber: eurocentrismo y ciencias sociales. Perspectivas latinoamericanas*, Buenos Aires, CLACSO.

Ranea Triviño, Beatriz (2018): *Feminización de la supervivencia y prostitución ocasional*, Madrid, Federación de Mujeres Progresistas.

— (2019): *Masculinidad hegemónica y prostitución femenina: (re)construcciones del orden de género en los espacios de prostitución en el Estado español* [Tesis doctoral], Universidad Complutense de Madrid.

Requena, Ana (2020): "Contra el Día de la Niña en la Ciencia", *elDiario.es*, 10 de febrero.

Rich, Adrienne (1996): "Heterosexualidad obligatoria y existencia lesbiana (1980)", *Duoda: Revista d'Estudis Feministes*, 10, pp. 15-42.

Richardson, Diane (1996): "Heterosexuality and social theory", en D. Richardson (ed.), *Theorising Heterosexuality*, Berkshire, Open University Press.

Rosa, Hartmut (2019): *Resonancia. Una sociología de la relación con el mundo*, Madrid, Katz Ediciones.

Rosado, Mª Jesús *et al.* (2014): "El suicidio masculino: una cuestión de género", *Prisma social: revista de ciencias sociales*, 13, pp. 433-492.

Russ, Joanna (2018): *Cómo acabar con la escritura de las mujeres*, Madrid, Editorial Dos Bigotes.

Sáez, Javier; y Carrascosa, Sejo (2011): *Por el culo. Políticas anales*, Madrid, Editorial Egales.

Sahlins, Martin (1982): *Uso y abuso de la biología. Una crítica antropológica de la sociobiología*, Madrid, Siglo XXI Editores.

Salas, José M.; y Campos, Álvaro (2004): *Explotación sexual comercial y masculinidad. Un estudio regional cualitativo con hombres de la población general*, San José, OIT.

Salazar, Octavio (2012): "Otras masculinidades posibles: hacia una humanidad 'diferente' y 'diferenciada'", *Recerca*, 12, pp. 87-112.

Sambade, Iván (2017): "La instrumentalización de la sexualidad. Masculinidad patriarcal, pornografía y prostitución", en A. de Miguel y L. Nuño (dirs.), *Elementos para una teoría crítica del sistema prostitucional*, Granada, Editorial Comares.

Sanfélix, Joan (2018): "El cuerpo masculino en tiempos de brújulas rotas y (neo)fascismos: análisis socioantropológico", *Nuevas tendencias en antropología*, 9, pp. 15-33.

— (2020): *La brújula rota de la masculinidad*, Valencia, Grupo editorial Tirant lo Blanch.

Segato, Rita L. (2003): *Las estructuras elementales de la violencia. Ensayos sobre género entre la antropología, el psicoanálisis y los derechos humanos*, Quilmes, Universidad Nacional de Quilmes Editorial.

— (2016): *La guerra contra las mujeres*, Madrid, Editorial Traficantes de Sueños.

Serrano, Amparo (2016): "Colonización política de los imaginarios del trabajo: la invención paradójica del 'emprendedor'", en E. Gil Calvo (ed.), *Sociólogos contra el economicismo*, Madrid, Los Libros de la Catarata.

Solnit, Rebecca (2015): *Los hombres me explican cosas*, Madrid, Editorial Capitán Swing.

Stanton, Elizabeth C. (1975): "Discurso pronunciado ante la Asamblea Legislativa del Estado de Nueva York", en A. Martín-Gamero (ed.), *Antología del feminismo*, Madrid, Alianza Editorial.

Stone, Lucy (1975): "Protesta contra el matrimonio, 1855", en A. Martín-Gamero (ed.), *Antología del feminismo*, Madrid, Alianza Editorial.

Subirats, Marina (2013): *Forjar un hombre, moldear una mujer*, Barcelona, Editorial Aresta.

— (2020): "El género masculino, entre la obsolescencia y la impostación", en A. Téllez *et al.* (eds), *Hombres, género y patriarcado: reflexiones, cuerpos y representaciones*, Madrid, Dykinson.

Szil, Péter (2004): "Los hombres, la pornografía y la prostitución", Congreso Internacional "Las ciudades y la prostitución", Madrid.

Tamayo, Juan José (2020): *La Internacional del odio. ¿Cómo se construye? ¿Cómo se deconstruye?*, Barcelona, Icaria Editorial.

Taylor Mill, Harriet (1851): *Enfranchisement of women*, Westminster and Foreign Quarterly Review.

Téllez, Anastasia (2020): "El armisticio de la masculinidad", *Manual docente MOOC "Masculinidad y violencia"*, Universidad de Granada.

— (2020): Conferencia "Masculinidades igualitarias y perspectiva de género", IV Jornadas Feministas "Las Multitudinarias", Villena.

Téllez, Anastasia *et al.* (2020): "Masculinidad, espacio y ciberespacio: casas de apuestas y juego *on-line*", en Téllez, A. *et al.* (eds.), *Hombres, género y patriarcado: reflexiones, cuerpos y representaciones*, Madrid, Dykinson.

Tena Guerrero, Olivia (2010): "Estudiar las masculinidades, ¿para qué?", en N. Blázquez Graf *et al.* (eds.), *Investigación feminista. Epistemología, metodología y representaciones sociales*, México, UNAM.

Tjeder, David (2009): "Las misoginias implícitas y la producción de posiciones legítimas: la teorización del dominio masculino", en J. C. Ramírez Rodríguez y G. Uribe (eds.), *Masculinidades: el juego de género de los hombres en el que participan las mujeres*, Madrid, Plaza y Valdés Editores.

Villar-Aguilés, Alicia; y Pecourt Gracia, Juan (2021): "Antifeminismo y troleo de género en Twitter. Estudio de la subcultura trol a través de #STOPfeminazis", *Teknocultura*, 18 (1), pp. 33-44.

VIVEROS VIGOYA, Mara (2002): *De quebradores y cumplidores. Sobre hombres, masculinidades y relaciones de género en Colombia*, Santafé de Bogotá, Universidad Nacional de Colombia.

WALTER, Natasha (2010): *Muñecas vivientes: el regreso del sexismo*, Madrid, Editorial Turner.

WITTIG, Monique (2005): *Pensamiento heterosexual y otros ensayos*, Barcelona, Editorial Egales.

WOLLSTONECRAFT, Mary (2005): *Vindicación de los derechos de la mujer*, Madrid, Ediciones Istmo.